JN044432

3D「立体図」 作画の基礎知識

誰でも簡単に、楽しく立体図が描ける!

一般社団法人 発明学会 会長
東京発明学校 校長

中本繁実[著]

日本地域社会研究所　　　　　コミュニティ・ブックス

図面の描き方の本を見ていると、物品の形状の情報として、「正面図、平面図、側面図」の図面が描かれています。「正面図、平面図、側面図」は、世界の共通語みたいなものかもしれません。

　物品（対象物）を３つの方向から見た形を描きます。

　３つの方向は、正面から見た形（正面図）、上から見た形（平面図）、横から見た形（側面図）です。

　だから、図面「正面図、平面図、側面図」があれば、言葉（会話）が通じなくても、世界の人に、自分が見ている物品がどんな形をしているのか、……、を伝えることができます。

　そうなんです。「正面図、平面図、側面図」は、とても便利な図面です。

　「正面図、平面図、側面図」は、立体の説明書です。

　読者のみなさんが、「正面図、平面図、側面図」の意味を知っていれば、「正面図、平面図、側面図」から立体を読み取れる、ということです。

　本書で、イメージ力をふくらませながら、物品の形状の「正面図、平面図、側面図」についても学習しましょう。

ところで、私たちはどうして「字」を書くことができるのでしょう。学校で、先生に教わったから、……、という答えは、もちろん正解です。

　そして、これは、きっかけといえます。

　また、学校の先生に、まだ、教えてもらっていない「字」に出会ったとき、これは、何て読むのだろう。……、と辞書を引いて、読み方を知って、書き順を見て、書けそうだなあー！　……、とわかれば実際に書いて、覚えることもあります。

　このときには「動機」が加わります。読めたんだから、書けるようになりたい。……、という心の動き「動機」があります。

　だから、「綺麗（きれい）」とか、「薔薇（ばら）」といった「字」も、書けるようになります。

　本書は、３Ｄ「立体図」を描きたい、と行動をおこす、きっかけにつながるような内容の本にしていきたいと思っています。

はじめに

みなさん、こんにちは！

本書を手に取り、ページを開くと、すぐに、立体図を描きたくなると思います。それでは、机の引き出しの中から、シャープペンシル（鉛筆）、消しゴム、三角定規（ものさし）を持ってきてください。

……、早く描きたいでしょう。でも、少し待ってください。

本書は、立体図をパソコン（CAD）ではなく、手書きで描く楽しさを伝えたくてまとめた本です。

まず、最初に、立体図が素晴らしいことを説明させてください。それから、立体図を描きましょう。

立体図（三次元・３Ｄ）は、本当に親切な図面です。本当に便利な図面です。平面的に描く、製図（二次元・２Ｄ）と違って、誰が見ても、形がすぐに理解できます。

※ ３Ｄ（スリーディー・three dimensions）は、幅と奥行と高さがある画像の立体の意味です。

立体図は、写真で見るように形がわかります。情報は、１個です。それでも、効果はバツグンです。だから、多くの製品のカタログ、説明書（トリセツ）に使われています。立体図は、１個（イッコ）ですが、立体図を見て、多くの人がニコッとします。

このように、立体図は素晴らしいです。

ところが、初心者向けにやさしく解説した、入門書がありませんでした。そのため、立体図は、製図の知識がないと描けない、難しい、と思われていました。

そこで、製図の教育を受けてなくても、製図法を知らなくても、親子で楽しみながら、立体図が描けるようにまとめました。

　本書のどのページでもいいです。開いてみてください。こんなにやさしかったのか、ということがわかっていただけます。

　説明図を見ながら、描き方の順序にしたがって、描いてください。これくらいなら描ける、ということがわかっていただけます。

　本書で説明している各図に、寸法は記入していません。補助線の1目盛りを5㎜、10㎜を目安にして、作図の練習をしてください。

　わかりやすく説明するために、全体的に多少くどい点があるかもしれません。お許しください。内容もカンタンに理解できます。スグに描けるようになります。一緒に学習しましょう。

　読者のみなさんは、楽しみながら練習問題にチャレンジしてください。

　本書の特長は、製図を知らない人でも、独学で何の抵抗もなく入門できることです。親子で楽しめます。きっと、夢中になります。

　しかも、本書で使う筆記具は、シャープペンシル（鉛筆）、消しゴム、定規は、一組の三角定規、35°楕円（35°16′楕円）定規「通称：35°楕円定規」、円定規（または、コンパス）です。カンタンな定規を使うだけです。

　「線を引く」、「35°楕円を描く」、「円を描く」といった基本的なことを練習するだけで、いろいろな形の立体図が描けるようになります。

　しかも、立体図の描き方は、手を使って描く学習法なので、楽しみながら描けます。一日一日上達していくのがよくわかります。そして、その結果がすぐに確認できます。

　このように、本書の基本をマスターするだけで、あなたはかなりの立体図が描けるようになります。そして、この立体図という便利な図面を多くの人に活用していただきたいと思います。

　今日の情報化「ＩＴ（Information Technology）」時代、パソコンを使ったＣＡＤ（Computer Aided Design）製図の学習も、とても大切なことですが、誰にでもわかるように表現できる立体図も、製図の基礎知識と

して、とても大切です。

　本書が、今後、３Ｄ「立体図」、３Ｄプリンターの学習を志す人、すでに学習をはじめている人に、立体図を描くための基本書として、お役にたてば著者として何よりの喜びです。参考書に選んでいただきましてありがとうございます。親子で、楽しんで立体図を描いている様子が目に浮かびます。とてもうれしいです。感謝しています。

　令和２年９月

中本繁実

もくじ

第1章

下描き用紙に
３Ｄ「立体図」を
描いてみよう

1．立体三角グラフ用紙

　これから、みなさんと一緒に、立体図の描き方を学習します。

　「立体三角グラフ用紙」を使うと、定規を使わなくても、誰にでもスグに立体図がスラスラ描けます。そのことを、まず、体験してみましょう。

　下描き用紙の中身は、図のようになっています。

　立体図が描ける便利な下描き用紙があります。とても、不思議な用紙です。「立体三角グラフ用紙」です。

　「方眼紙」なら、小学生でも知っている用紙ですが、この「立体三角グラフ用紙」は、その方眼紙と同じようなものです。……、といえば、それがどんなものか、ある程度想像がつくでしょう。

　紙面は、図のように、左右に伸びる斜めの線（30°）とタテの線（90°・垂直線）とが、それぞれ等しい間隔で、菱形（ひしがた）の目に線が印刷されている用紙です。

　シャープペンシル（鉛筆）で、3つの方向の線をなぞるだけで、立体図が描けます。

【立体三角グラフ用紙】

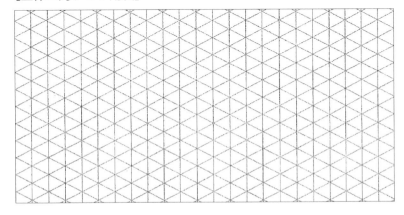

2. 「立体三角グラフ用紙」に立体図を描いてみよう

　それでは、「立体三角グラフ用紙」を使ってみましょう。

　身近にある品物を描いてみましょう。「立体三角グラフ用紙」の３つの方向の線を、シャープペンシル（鉛筆）でなぞってください。

　製図の知識がない初心者の人でも、基本形の立方体、直方体の立体図がスグに描けます。不思議で、びっくりしますよ。お子さんが、勉強をしているお父さん、お母さんの横に来て、一緒に立体図を描きたがりますよ。

　そのときは、親子で立体図を描いて楽しんでください。立方体、角柱の描き方を説明しなくても、お子さんは、立体図が描けます。

　練習用の説明図は、定規を使わないで、フリーハンドで描いています。

【説明図】

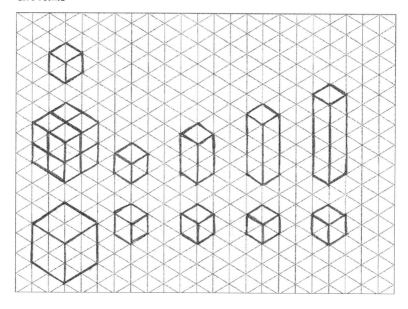

３．小・大の立方体（サイコロ）の立体図

小・大の立方体（サイコロ）です。立方体の立体図を描いてみましょう。

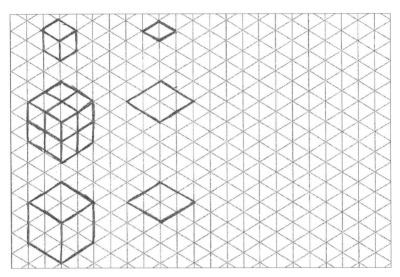

４．角柱の立体図

小さな立方体（サイコロ）を積み重ねましょう。角柱になります。
角柱の立体図を描いてみましょう。角柱の立体図が描けます。

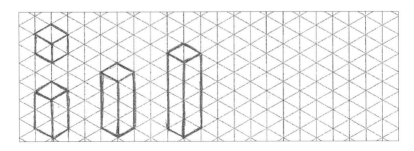

16

５．直方体の立体図

小さな立方体（サイコロ）を並べた角柱と直方体（盤）です。
角柱と直方体（盤）の立体図が描けます。

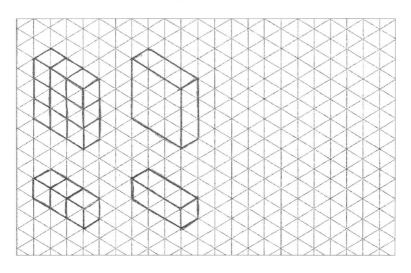

6. アルファベットの立体図

アルファベットのＩの立体図です。向きを変えて描いてみましょう。
どの向きに描いたらわかりやすいか、比べてください。

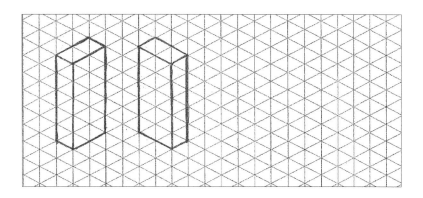

アルファベットのＬの立体図です。向きを変えて描いてみましょう。
どの向きに描いたらわかりやすいか、比べてください。

アルファベットのＴの立体図です。向きを変えて描いてみましょう。
どの向きに描いたらわかりやすいか、比べてください。

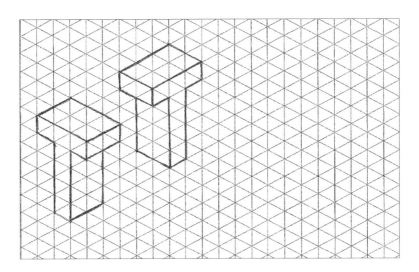

アルファベットのＨの立体図です。向きを変えて描いてみましょう。
どの向きに描いたらわかりやすいか、比べてください。

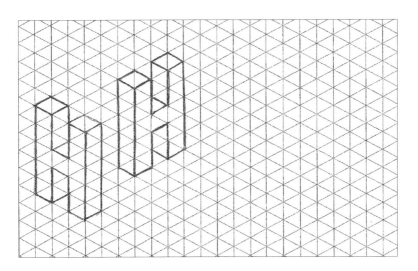

アルファベットのFの立体図です。向きを変えて描いてみましょう。
どの向きに描いたらわかりやすいか、比べてください。

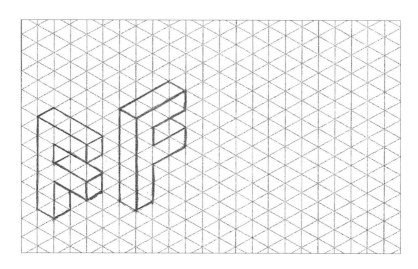

アルファベットのEの立体図です。向きを変えて描いてみましょう。
どの向きに描いたらわかりやすいか、比べてください。

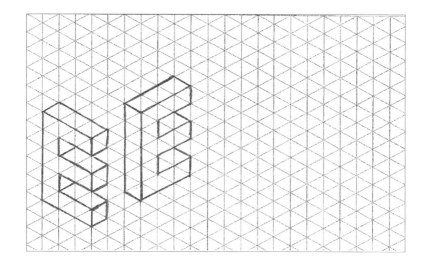

7．踏み台の立体図

大きさ（寸法）を変えて描いてみましょう。親子で楽しんでください。
ヒント：「立方体＋角柱」です。分解して考えると、やさしいです。

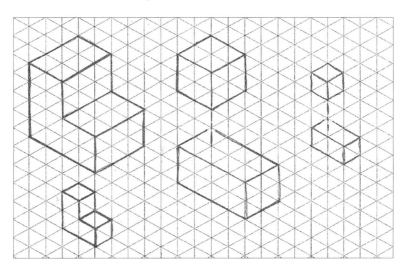

【練習用】

8．表彰台の立体図

　大きさ（寸法）を変えて描いてみましょう。親子で楽しんでください。
ヒント：「立方体＋角柱」です。分解して考えると、やさしいです。
★ みなさん、表彰台は、上段（冗談）が好きでしょう。

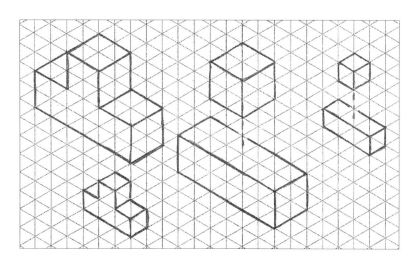

【練習用】

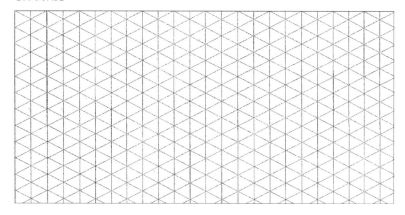

9．漢字を立体図で描いてみよう

【練習問題（1）】「1年生」

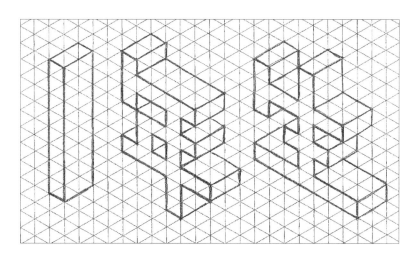

【練習用】

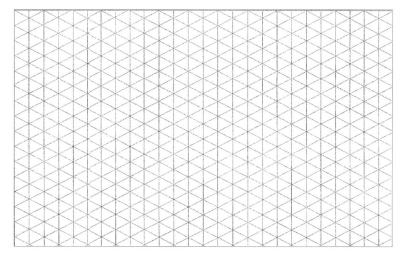

【練習問題（2）】「一、二、三、表彰台」

【練習用】

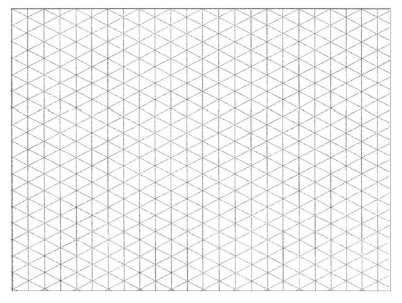

【練習問題（3）】「五、十、円」

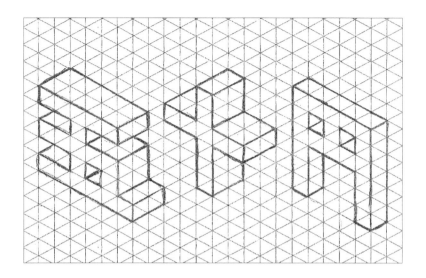

【練習用】

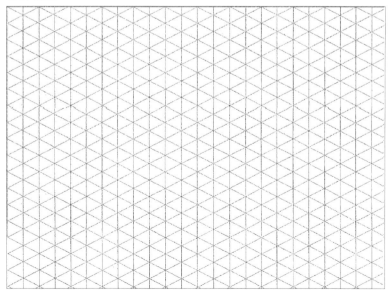

【練習問題（4）】「口、日、月」

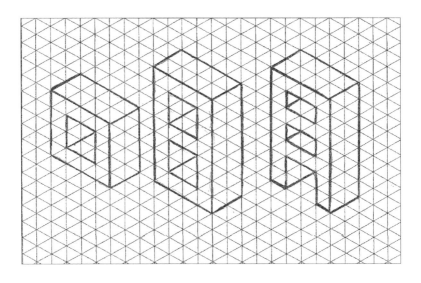

【練習用】

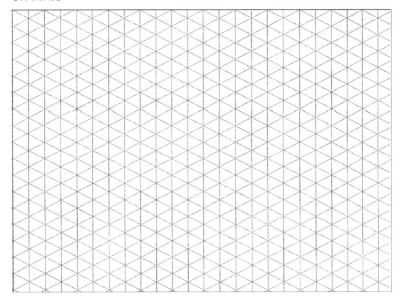

【練習問題（5）】「上、土、王」

【練習用】

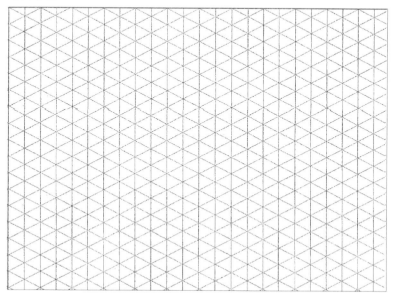

【練習問題（6）】「川、田、中、山」

　おともだちの名前をいっぱい書けます。「川田、川中、川山、田川、田中、田山、中田、中川、中山、山川、山田、山中」さんです。

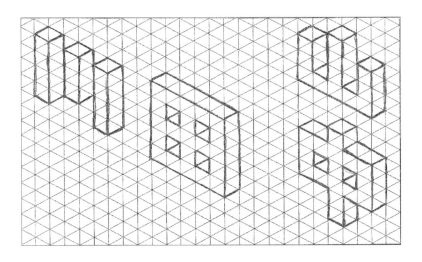

【練習用】

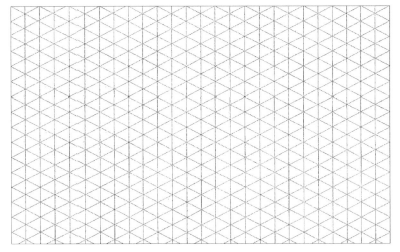

10．アルファベットの立体図を描いてみよう

【練習問題（1）】「Ｉ　ＨＯＰＥ」

【練習用】

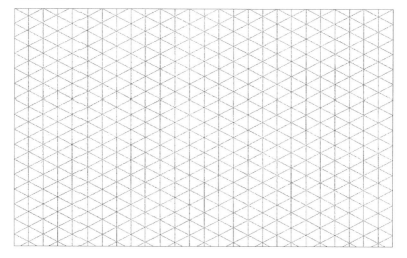

【練習問題（2）】「Ｉ　ＬＯＶＥ　Ｕ（ＹＯＵ）」

【練習用】

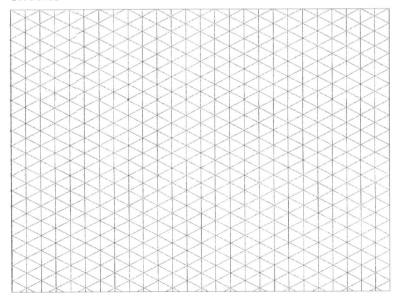

第2章

三角定規と
三角定規の使い方

1．立体図を描くための製図用具

　立体図を描くための製図用具には、筆記具（シャープペンシルなど）、消しゴム、三角定規、ものさし、35°楕円定規、円定規（または、コンパス）、分度器などがあります。第２章では、その中で、立体図の最も基本的な立方体、直方体を描くときに必要な三角定規の使い方のお話をします。

2．一組の三角定規を準備しよう

　立体図を描くときに、一番活躍するのが「三角定規」です。
　読者の多くの人が、「三角定規なら持っている」といわれると思います。
　その三角定規が使えます。あらためて、製図のプロが使うような高価なものを準備する必要はありません。
　小・中学生が使っている程度のもので大丈夫です。
　三角定規は、「30°－60°－90°」がついた三角定規と、「45°－45°－90°」がついた三角定規の２枚が一組になっています。
　三角定規で立体図を描くとき、基準になる、「30°の左上がり斜線」、「90°のタテの線（垂直線）」、「30°の右上がり斜線」が描けます。
　説明図は、立方体、直方体を描くときの三角定規の使い方です。
　次に、その三角定規の使い方を説明します。
　立体図を描くとき、「30°の左上がり斜線」、「90°のタテの線（垂直線）」、「30°の右上がり斜線」の３つの方向の線が基準になります。
　この３つの方向の線が物品の「幅、奥行き、高さ」を表します。
　「幅、奥行き」を表した図面が「二次元・２Ｄ」です。
　「幅、奥行き、高さ」を表した図面が「三次元・３Ｄ」です。
　３つの線上に「幅、奥行き、高さ」の寸法をとって、立方体、直方体、箱体などの立体図を描きます。この線を「三角定規」で描きましょう。

3. 三角定規と三角定規の使い方

　三角定規で、立体図を描くとき、基準になる、「30°の左上がり斜線」、「90°のタテの線（垂直線）」、「30°の右上がり斜線」が描けます。

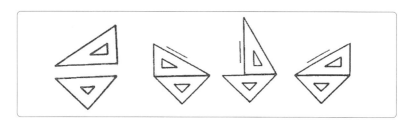

（1）立方体と三角定規
立方体を描くときの三角定規の使い方の説明図です。

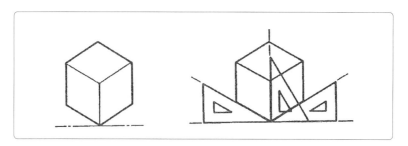

（2）直方体と三角定規
直方体をを描くときの三角定規の使い方の説明図です。

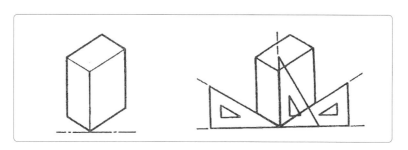

（3）三角定規の使い方①

　三角定規で、立体図を描くとき、基準になる、「30°の左上がり斜線」
を描いてみましょう。

　三角定規を図のように動かして、「30°の左上がり斜線」を描きます。

　三角定規の使い方は、少し練習すれば、スグにじょうずになります。

● **作図例：「30°の左上がり斜線」**

【三角定規の使い方の説明図】

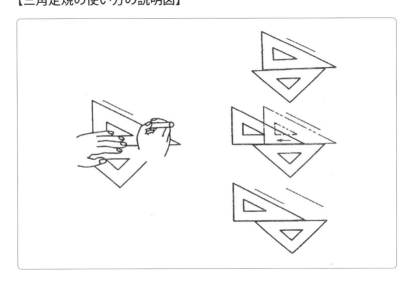

【練習用】

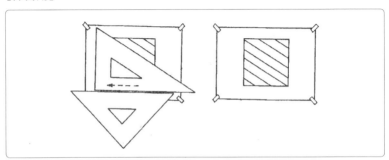

34

（4）三角定規の使い方②

　三角定規で、立体図を描くとき、基準になる、「90°のタテの線（垂直線）」を描いてみましょう。

　三角定規を図のように動かして、「90°のタテの線（垂直線）」を描きます。三角定規の使い方は、少し練習すれば、スグにじょうずになります。

● 作図例：「90°のタテの線（垂直線）」
【三角定規の使い方の説明図】

【練習用】

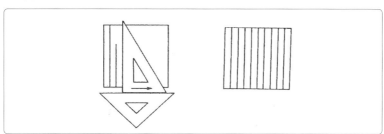

（5）三角定規の使い方③

　三角定規で、立体図を描くとき、基準になる、「30°の右上がり斜線」を描いてみましょう。

　三角定規を図のように動かして、「30°の右上がり斜線」を描きます。

　三角定規の使い方は、少し練習すれば、スグに上手になります。

● **作図例：「30°の右上がり斜線」**

【三角定規の使い方の説明図】

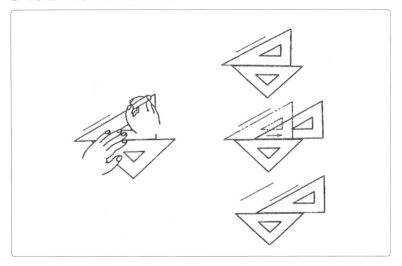

【練習用】

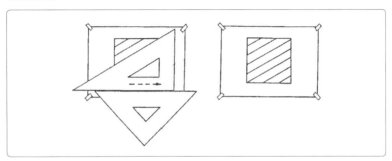

4.三角定規で立方体の立体図を描く

　説明図の左側は、3つの情報「正面図、平面図、側面図」です。
右側は、立方体の立体図です。

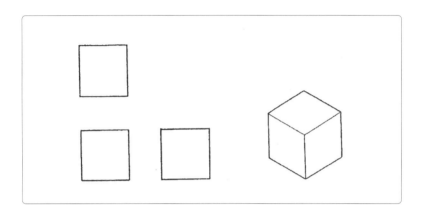

　三角定規で、立体図を描くとき、基準になる、「30°の左上がり斜線」、
「90°のタテの線（垂直線）」、「30°の右上がり斜線」が描けます。
　3つの方向の線の上に、寸法を取ります。
　三角定規を動かして、「30°の左上がり斜線」、「90°のタテの線（垂直
線)」、「30°の右上がり斜線」を描いて、立方体の立体図を完成させます。

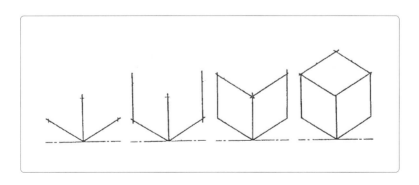

5．三角定規で角柱の立体図を描く

説明図の左側は、3つの情報「正面図、平面図、側面図」です。
中央は、角柱の立体図です。
右側の図は、小さな立方体を2個積み重ねた説明図です。

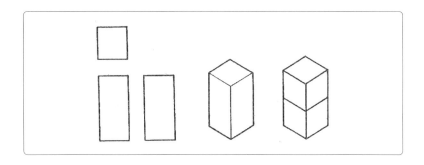

　三角定規で、立体図を描くとき、基準になる、「30°の左上がり斜線」、
「90°のタテの線（垂直線）」、「30°の右上がり斜線」が描けます。
　3つの方向の線の上に、寸法を取ります。
　三角定規を動かして、「30°の左上がり斜線」、「90°のタテの線（垂直
線）」、「30°の右上がり斜線」を描いて、四角柱の立体図を完成させます。

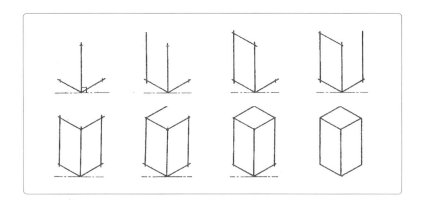

6. 三角定規で盤の立体図を描く

説明図の左側は、3つの情報「正面図、平面図、側面図」です。

中央は、盤の立体図です。

右側の図は、小さな立方体を4個並べた盤の立体図の説明図です。

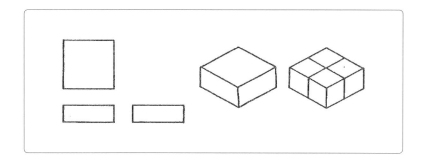

　三角定規で、立体図を描くとき、基準になる、「30°の左上がり斜線」、「90°のタテの線（垂直線）」、「30°の右上がり斜線」が描けます。

　3つの方向の線の上に、寸法を取ります。

　三角定規を動かして、「30°の左上がり斜線」、「90°のタテの線（垂直線）」、「30°の右上がり斜線」を描いて、盤の立体図を完成させます。

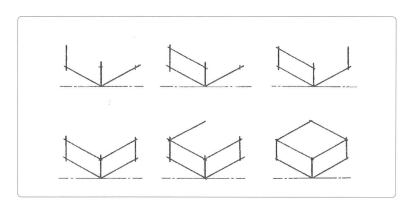

7. 三角定規で直方体の立体図を描く

説明図の左側は、3つの情報「正面図、平面図、側面図」です。
右側は、直方体の立体図です。

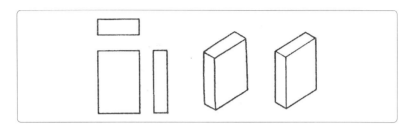

三角定規で、立体図を描くとき、基準になる、「30°の左上がり斜線」、
「90°のタテの線（垂直線）」、「30°の右上がり斜線」が描けます。

3つの方向の線の上に、寸法を取ります。

三角定規を動かして、「30°の左上がり斜線」、「90°のタテの線（垂直
線）」、「30°の右上がり斜線」を描いて、直方体の立体図を完成させます。

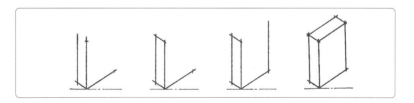

直方体の描き方は、立方体の描き方と同じです。

違う点は、3つの方向の線の寸法が同一でない、ということです。

また、直方体の立体図は、どの向きに描いても形が理解できます。

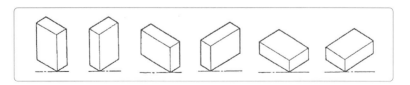

8. 三角定規でL字形の図形の立体図を描く

説明図の左側は、3つの情報「正面図、平面図、側面図」です。
中央は、L字形の図形の立体図です。
ヒント:「盤＋盤」です。分解して考えると、やさしいです。

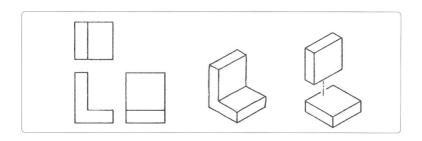

　三角定規で、立体図を描くとき、基準になる、「30°の左上がり斜線」、「90°のタテの線（垂直線）」、「30°の右上がり斜線」が描けます。
　3つの方向の線の上に、寸法を取ります。
　三角定規を動かして、「30°の左上がり斜線」、「90°のタテの線（垂直線）」、「30°の右上がり斜線」を描いて、立体図を完成させます。

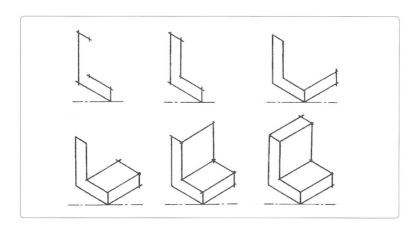

9.三角定規でＴ字形の図形の立体図を描く

説明図の左側は、３つの情報「正面図、平面図、側面図」です。
中央は、Ｔ字形の図形の立体図です。
ヒント：「直方体＋直方体」です。分解して考えると、やさしいです。

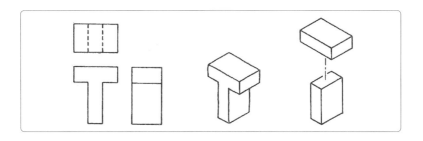

　三角定規で、立体図を描くとき、基準になる、「30°の左上がり斜線」、
「90°のタテの線（垂直線）」、「30°の右上がり斜線」が描けます。
　３つの方向の線の上に、寸法を取ります。
　三角定規を動かして、「30°の左上がり斜線」、「90°のタテの線（垂直
線）」、「30°の右上がり斜線」を描いて、立体図を完成させます。

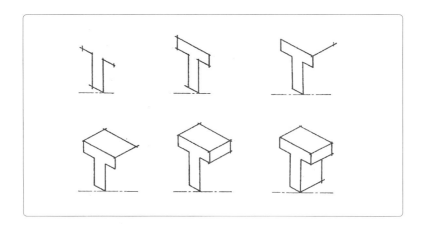

10. 三角定規で凸部のある図形の立体図を描く

説明図の左側は、３つの情報「正面図、平面図、側面図」です。

中央は、凸部のある図形の立体図です。

ヒント：「直方体＋四角柱」です。分解して考えると、やさしいです。

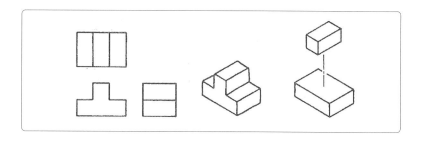

三角定規で、立体図を描くとき、基準になる、「30°の左上がり斜線」、「90°のタテの線（垂直線）」、「30°の右上がり斜線」が描けます。

３つの方向の線の上に、寸法を取ります。

三角定規を動かして、「30°の左上がり斜線」、「90°のタテの線（垂直線）」、「30°の右上がり斜線」を描いて、立体図を完成させます。

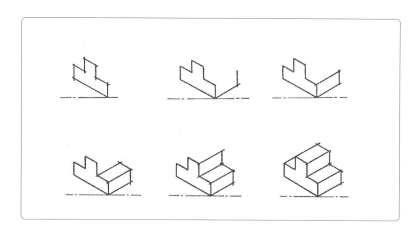

11. 三角定規で凹部のある図形の立体図を描く

　説明図の左側は、３つの情報「正面図、平面図、側面図」です。

　中央は、凹部のある図形の立体図です。

　ヒント：「直方体－盤」です。分解して考えると、やさしいです。

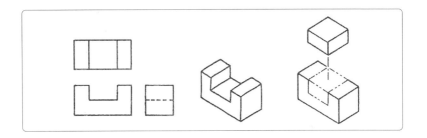

　三角定規で、立体図を描くとき、基準になる、「30°の左上がり斜線」、「90°のタテの線（垂直線）」、「30°の右上がり斜線」が描けます。

　３つの方向の線の上に、寸法を取ります。

　三角定規を動かして、「30°の左上がり斜線」、「90°のタテの線（垂直線）」、「30°の右上がり斜線」を描いて、立体図を完成させます。

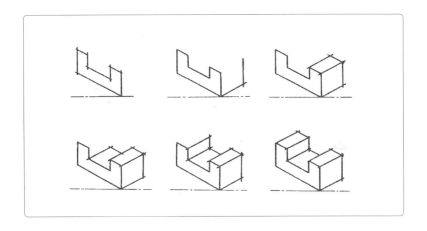

12.　三角定規でテーブルの立体図を描く

説明図の左側は、3つの情報「正面図、平面図、側面図」です。
中央は、テーブルの立体図です。

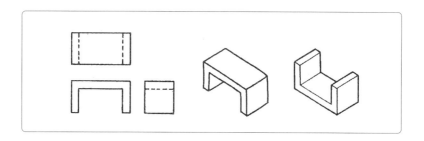

　三角定規で、立体図を描くとき、基準になる、「30°の左上がり斜線」、
「90°のタテの線（垂直線）」、「30°の右上がり斜線」が描けます。
　3つの方向の線の上に、寸法を取ります。
　三角定規を動かして、「30°の左上がり斜線」、「90°のタテの線（垂直
線）」、「30°の右上がり斜線」を描いて、テーブルの立体図を完成させ
ます。

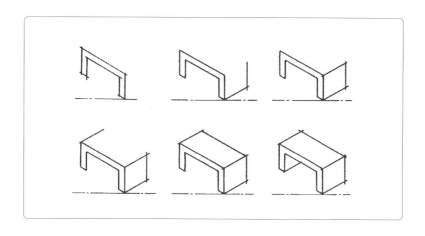

13. 三角定規で凸部のある図形の立体図を描く

説明図の左側は、3つの情報「正面図、平面図、側面図」です。
中央は、凸部のある図形の立体図です。
ヒント:「盤+立方体」です。分解して考えると、やさしいです。

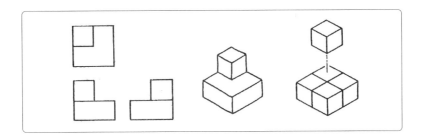

　三角定規で、立体図を描くとき、基準になる、「30°の左上がり斜線」、「90°のタテの線（垂直線）」、「30°の右上がり斜線」が描けます。
　3つの方向の線の上に、寸法を取ります。
　三角定規を動かして、「30°の左上がり斜線」、「90°のタテの線（垂直線）」、「30°の右上がり斜線」を描いて、凸部のある図形の立体図を完成させます。

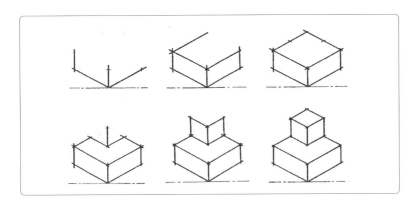

14. 三角定規で凸部のある図形の立体図を描く

説明図の左側は、3つの情報「正面図、平面図、側面図」です。

中央は、凸部のある図形の立体図です。

ヒント：「盤＋角柱」です。分解して考えると、やさしいです。

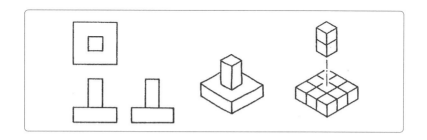

　三角定規で、立体図を描くとき、基準になる、「30°の左上がり斜線」、「90°のタテの線（垂直線)」、「30°の右上がり斜線」が描けます。

　3つの方向の線の上に、寸法を取ります。

　三角定規を動かして、「30°の左上がり斜線」、「90°のタテの線（垂直線)」、「30°の右上がり斜線」を描いて、凸部のある図形の立体図を完成させます。

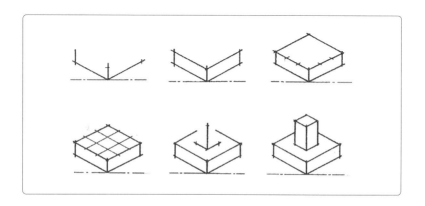

15. 三角定規で穴のある図形の立体図を描く

説明図の左側は、3つの情報「正面図、平面図、側面図」です。
中央に、穴のある図形の立体図です。
ヒント:「盤−立方体」です。分解して考えると、やさしいです。

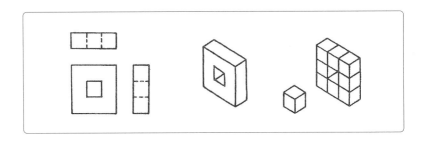

三角定規で、立体図を描くとき、基準になる、「30°の左上がり斜線」、
「90°のタテの線（垂直線）」、「30°の右上がり斜線」が描けます。
3つの方向の線の上に、寸法を取ります。
三角定規を動かして、「30°の左上がり斜線」、「90°のタテの線（垂直
線）」、「30°の右上がり斜線」を描いて、穴のある図形の立体図を完成
させます。

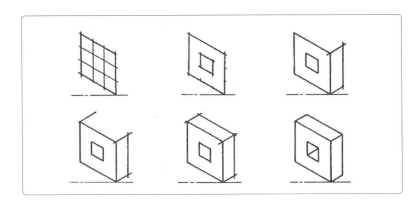

16. 三角定規で斜面のある図形の立体図を描く

説明図の左側は、3つの情報「正面図、平面図、側面図」です。
右側は、斜面のある図形の立体図です。

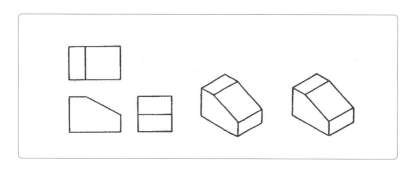

　三角定規で、立体図を描くとき、基準になる、「30°の左上がり斜線」、「90°のタテの線（垂直線）」、「30°の右上がり斜線」が描けます。
　3つの方向の線の上に、寸法を取ります。
　三角定規を動かして、「30°の左上がり斜線」、「90°のタテの線（垂直線）」、「30°の右上がり斜線」を描いて、斜面のある図形の立体図を完成させます。

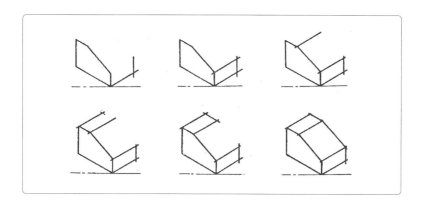

17. 三角定規でＶの溝がある図形の立体図を描く

説明図の左側は、3つの情報「正面図、平面図、側面図」です。
右側は、Ｖの溝がある図形の立体図です。

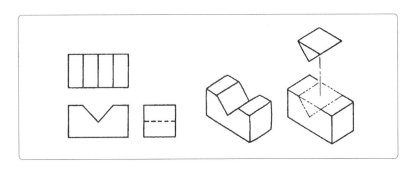

　三角定規で、立体図を描くとき、基準になる、「30°の左上がり斜線」、
「90°のタテの線（垂直線）」、「30°の右上がり斜線」が描けます。
　3つの方向の線の上に、寸法を取ります。
　三角定規を動かして、「30°の左上がり斜線」、「90°のタテの線（垂直
線)」、「30°の右上がり斜線」を描いて、Ｖの溝がある図形の立体図を
完成させます。

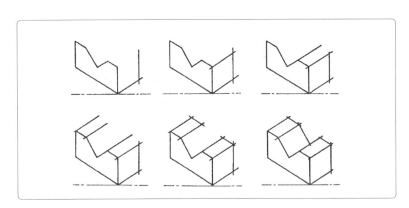

18. すでに、このような形の立体図が描ける

　立体図は、物の形をものさしで計って寸法を取ったり、あるいは、図面を見たりして、製図用具「三角定規」で描きます。
　読者のみなさんは、ここまでの学習で、次のような形の立体図が描けるようになっています。
　説明図は「サイコロ状に切ったとうふ」、「食パン」、「大根の拍子切り」のスケッチです。

【説明図】

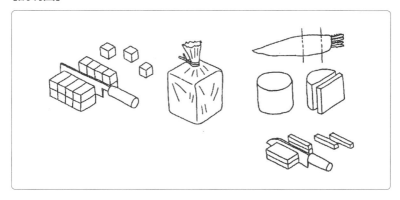

【メモ】

説明図は「箱」、「下駄」、「椅子」のスケッチです。

【説明図】

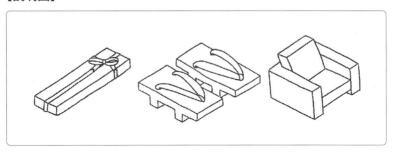

【メモ】

第3章

とても便利で役に立つ
三角定規を
使ってみよう

1. ここでもう一度、
基準になる線の描き方を復習しよう

　三角定規で、立体図を描くとき、最初に基準になる、「30°の左上がり斜線」、「90°のタテの線（垂直線）」、「30°の右上がり斜線」を描きます。
　説明図は、立方体、直方体を描くときの三角定規の使い方です。
　この線を「三角定規」で描きます。
　ヨコの線（水平線）は、図面を描くときに補助線として良く使います。

（1）ヨコの線（水平線）を描くときの三角定規の使い方
【説明図】

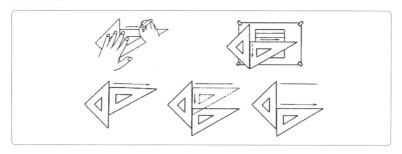

（2）30°の左上がり斜線を描くときの三角定規の使い方
【説明図】

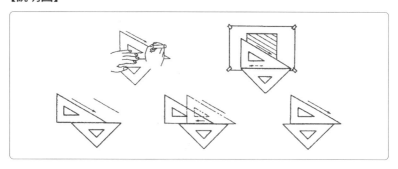

（3）タテの線（垂直線）を描くときの三角定規の使い方
【説明図】

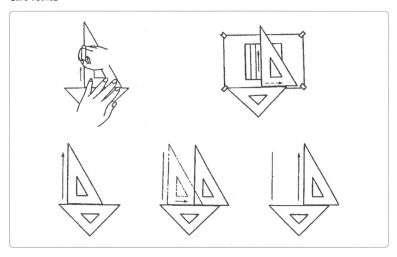

（4）30°の右上がり斜線を描くときの三角定規の使い方
【説明図】

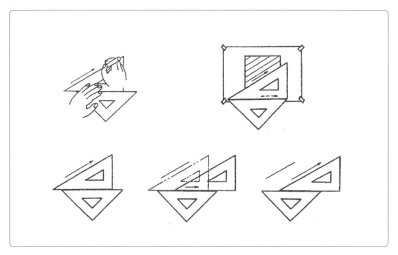

2．直線の描き方

　三角定規を図のように使うと、ヨコの線（水平線）とタテの線（垂直線）の直交線（中心の線）を描くことができます。

（1）直交線（中心の線）が描ける
直交線（中心の線）の描き方と三角定規の使い方の説明図です。

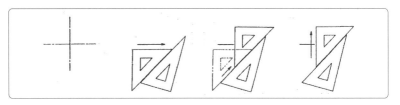

（2）直交線（中心の線）が描ける
直交線（中心の線）の描き方と三角定規の使い方の説明図です。

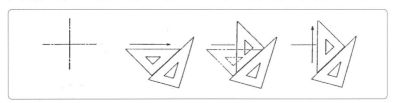

（3）ヨコの線（水平線）とタテの線（垂直線）の直線が描ける
　ヨコの線（水平線）とタテの線（垂直線）の直線の描き方と三角定規の使い方の説明図です。

（4）斜め45°の斜線が描ける

斜め45°の斜線の描き方と三角定規の使い方の説明図です。

3．角度（360°）を8等分できる

角度（360°）の8等分の描き方と三角定規の使い方の説明図です。

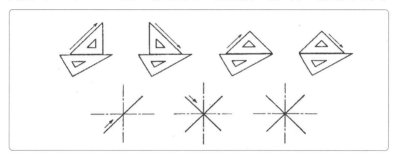

4．正方形が描ける

（1）正方形の描き方と三角定規の使い方の説明図です。

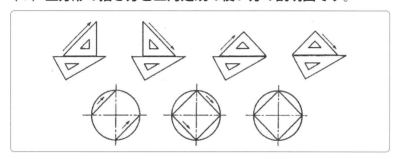

（2）正方形の描き方と三角定規の使い方の説明図です。

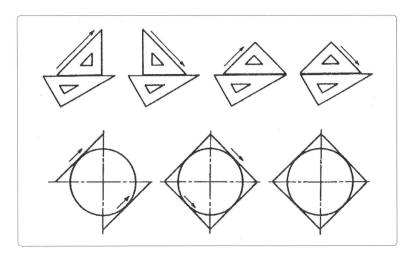

5.六角形が描ける

（1）六角形の描き方と三角定規の使い方の説明図

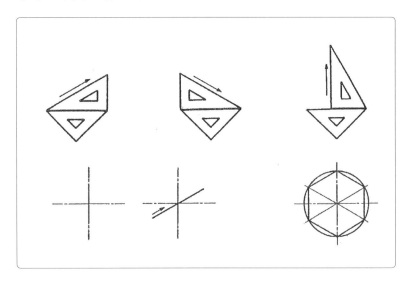

（2）六角形の描き方と三角定規の使い方の説明図

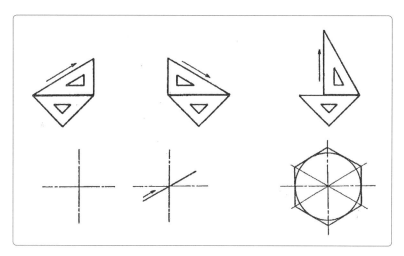

6．角度（360°）を 12 等分できる

　一組の三角定規で、いろいろ組み合わせることによって、分度器がなくても、15°、30°、45°、60°、75°、90°など、異なった角度の線を描くことができます。

　図（次ページ）のように、順番に試してみてください。

　① 15°の線

　一組の三角定規を図のように使えば、ヨコの線（水平線）に対して、15°の角度（45°－ 30°＝ 15°）の線が描けます。

　② 30°の線

　30°の角度のついた三角定規を使えば、ヨコの線（水平線）に対して、30°の角度の線が描けます。

　③ 45°の線

　45°の角度のついた三角定規を使えば、ヨコの線（水平線）に対して、45°の角度の線が描けます。

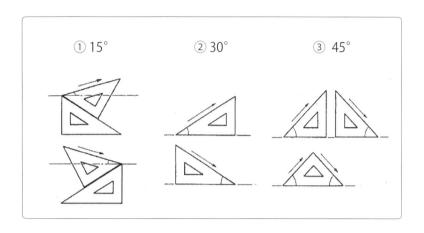

① 15°   ② 30°   ③ 45°

④ 60°の線

60°の角度のついた三角定規を使えば、ヨコの線（水平線）に対して、60°の角度の線が描けます

⑤ 75°の線

一組の三角定規を図のように使えば、ヨコの線（水平線）に対して、75°の角度（30°＋45°＝75°）の線が描けます。

⑥ 90°の線

90°の角度のついた三角定規を使えば、ヨコの線（水平線）に対して、タテの線90°（垂直線）の線が描けます

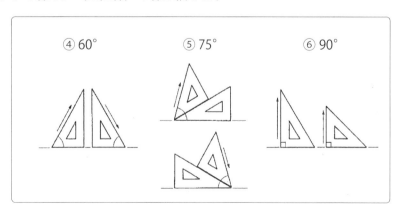

④ 60°   ⑤ 75°   ⑥ 90°

【角度 360°を 12 等分できる】

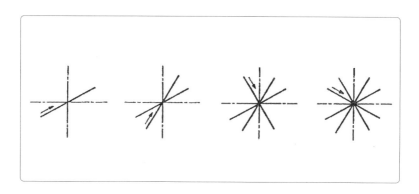

【まとめ】

● 立方体の立体図を三角定規で描く

立方体の立体図を三角定規で描いてみましょう。

説明図の左側は、立方体の3つの情報「正面図、平面図、側面図」です。

　右側は、立方体の立体図です。

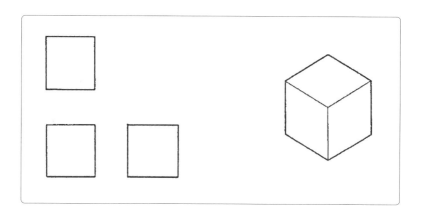

説明図は、立方体の立体図の描き方です。

下側の説明図は、三角定規の使い方です。

読者のみなさんは、説明図と同じように三角定規を使って、立方体の立体図を描いてください。

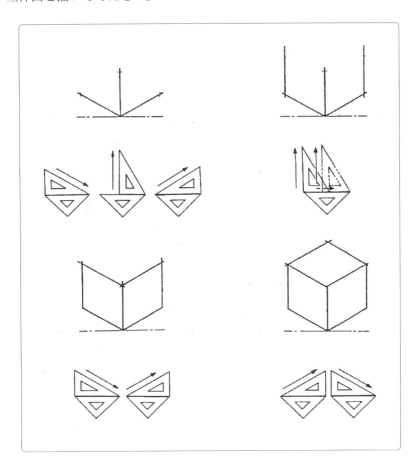

第4章

三角定規、
35°楕円定規、
円定規を使ってみよう

1．立方体・直方体の立体図と三角定規

ここで、もう一度、三角定規の使い方を確認しましょう。

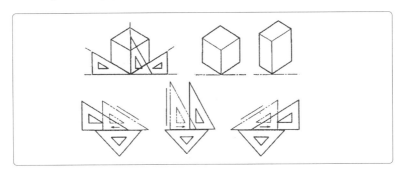

2．立体図の基本形と作図例

次のような立体図が描けるようになります。

「立方体」、「円柱」、「円すい」、「球」の描き方を見てください。描き方の説明図です。わかりやすいでしょう。

（1）立方体・直方体の立体図と作図例

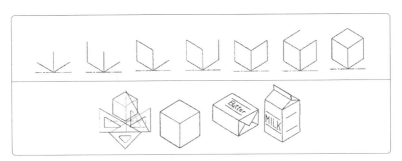

（2）円柱の立体図と作図例

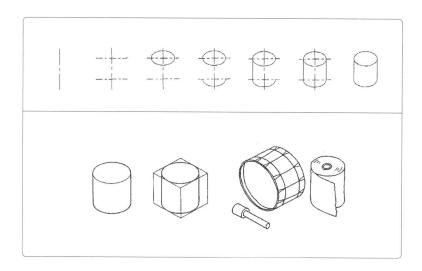

（3）円すいの立体図と作図例

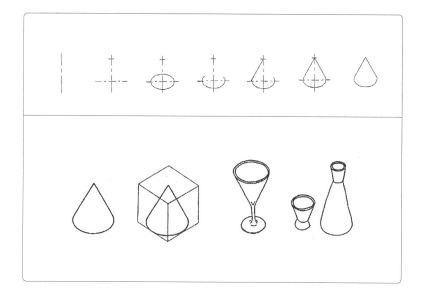

（4）球の立体図と作図例

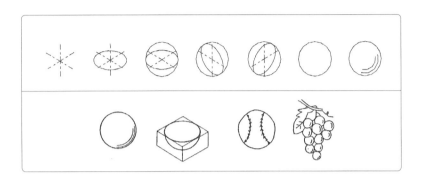

3．35°楕円定規（35°楕円テンプレート）

　35°楕円（だえん）定規は、「円柱、円すいの立体図」を描くときに
ときに必要な定規です。35°楕円定規（35°楕円テンプレート）は、一
番良く使う定規です。正確には、35°16′（35度16分）楕円定規とい
います。

　35°楕円定規には「長軸・斜軸」の寸法が印刷されています。

　初心者の場合は、3㎜〜54㎜くらいまでの大きさの35°楕円定規を
準備すればいいでしょう。

　1枚のものが売っています。まず、これを1枚準備してください。

　製図用具店、大きな文房具店で販売しています。買えないときは、イ
ンターネットで購入してください。

【35°楕円定規（35°楕円テンプレート)】

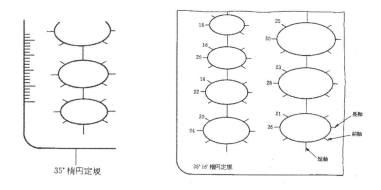

４．円柱の描き方

（１）90°のタテの線（垂直線）に円柱を描いてみよう

説明図の左側は、円柱の２つの情報「正面図、平面図」です。
円柱の描き方と 35°楕円定規の使い方の説明図です。

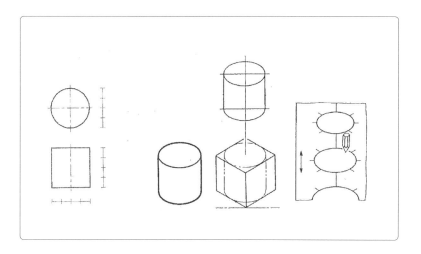

円柱の描き方の説明図です。

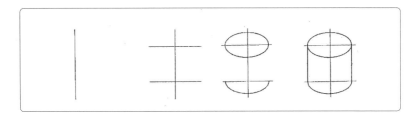

三角定規と楕円定規の使い方の説明図です。

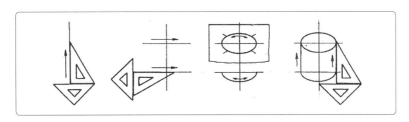

（2）30°の右上がり斜線に円柱を描いてみよう

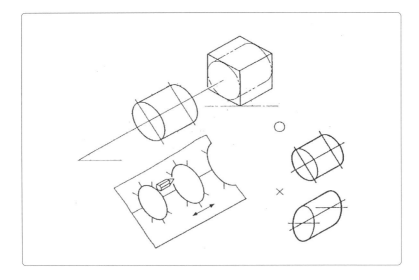

円柱の描き方の説明図です。

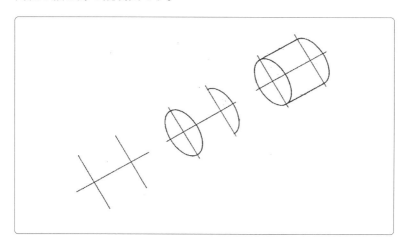

（3）30°の右下がり斜線に円柱を描いてみよう

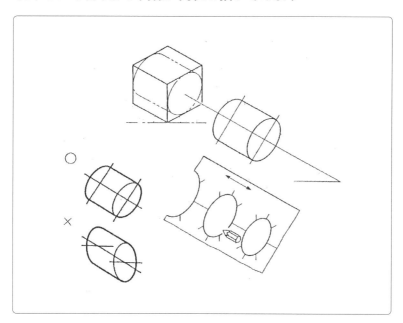

円柱の描き方の説明図です。

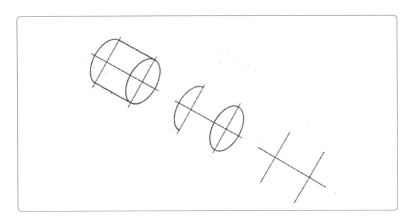

5.「円柱＋円柱」の図形の立体図の描き方

　説明図の左側は、「円柱＋円柱」の図形の２つの情報「正面図、平面図」
です。

　ヒント：「円柱＋円柱」です。分解して考えると、やさしいです。

　「円柱＋円柱」の図形の立体図の描き方の説明図です。

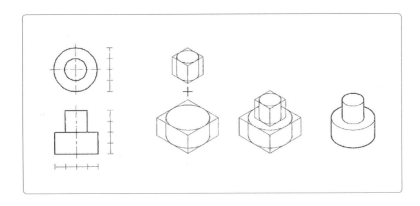

　ヒント：「円柱＋円柱」の図形の立体図の描き方の説明図です。
「円柱＋円柱」です。分解して考えると、やさしいです。

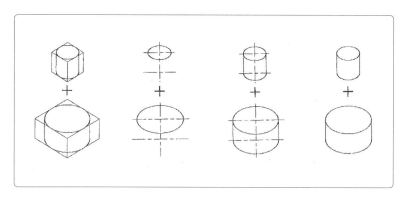

【練習用】

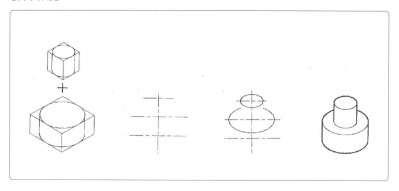

【メモ】

6.「円盤－円盤」の図形の立体図の描き方

　説明図の左側は、「円盤－円盤」の図形の２つの情報「正面図、平面図」です。

　ヒント：「円盤－円盤」です。分解して考えると、やさしいです。

　「円盤－円盤」の図形の立体図の描き方の説明図です。

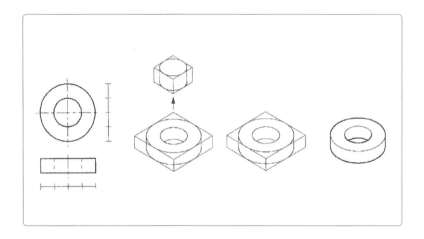

【練習用】

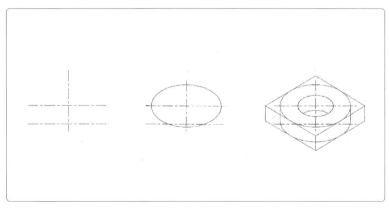

72

7．円すいの描き方

説明図の左側は、円すいの2つの情報「正面図、平面図」です。
円すいを描くとき、注意していただきたいところの説明図です。

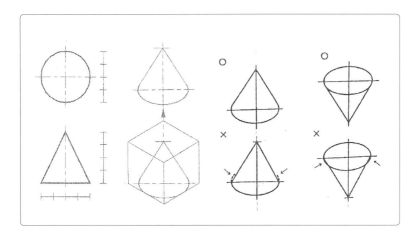

円すいの描き方の説明図です。
三角定規と35°楕円定規の使い方の説明図です。

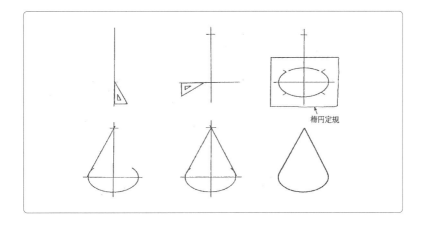

8.「円盤＋円すい」の図形の立体図の描き方

説明図の左側は、「円盤＋円すい」の２つの情報「正面図、平面図」です。
「円盤＋円すい」の図形の立体図の描き方の説明図です。
ヒント：「円盤＋円すい」です。分解して考えると、やさしいです。

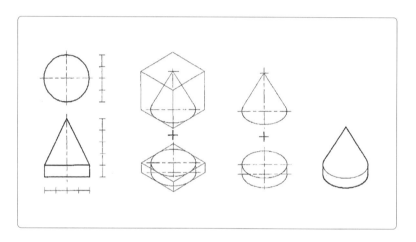

【練習用】

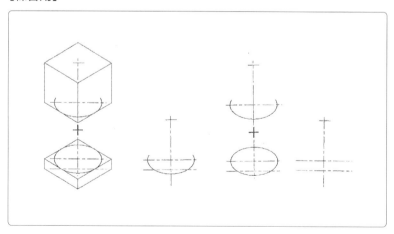

9．円すい台「円すい－円すい」の立体図の描き方

　説明図の左側は、円すい台「円すい－円すい」の2つの情報「正面図、平面図」です。

　円すい台「円すい－円すい」の立体図の描き方の説明図です。

　ヒント：「円すい－円すい」です。分解して考えると、やさしいです。

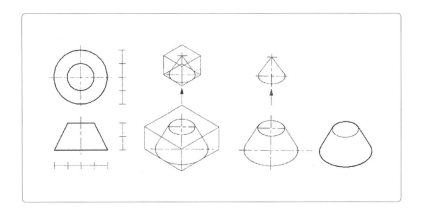

【練習用】

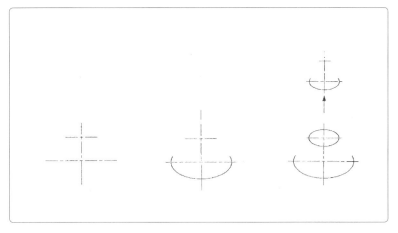

10. 円定規（円テンプレート）

　円定規（円テンプレート）は、いろいろな大きさの円（球の立体図）を描くのに必要な定規です。

　円定規（円テンプレート）は、図に示すように、1枚で数種類の大きさの円が描けるようになっています。

　円定規（円テンプレート）には、円の直径の寸法が印刷されています。

　初心者の場合は、1㎜〜40㎜くらいまでの大きさの円を使います。

　まず、これを1枚準備してください。

　製図用具店、大きな文房具店で販売しています。買えないときは、インターネットで購入してください。

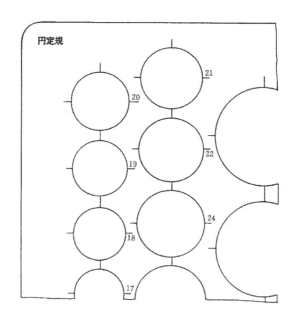

11. 球の描き方

　球の正面図と球の描き方の説明図です。
　球は、立体感を表すために、ハイライト線を描きます。ハイライト線は、円の直径を小さくして、円の一部（円弧）を描きます。

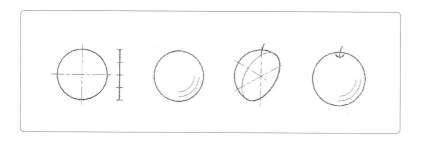

　三角定規、35°楕円定規、円定規の使い方と球の描き方の説明図です。

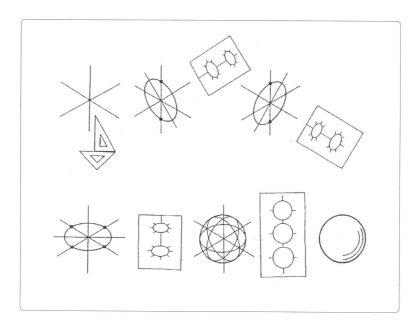

12. 球の立体図の左右の点

球の立体図の左右の点の描き方の説明図です。

2つに割ってみます。すると、球の立体図の左右の点がわかります。

ヒント：補助の35°楕円を描くとさらにわかりやすいです。

【球の立体図の左右の点】

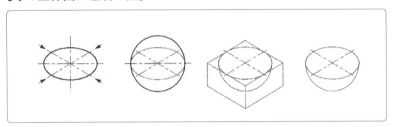

13. 球の立体図の頂点と底点

● 描き方（1）

球の立体図の頂点と底点の描き方の説明図です。

2つに割ってみます。すると、球の立体図の頂点と底点がわかります。

ヒント：補助の35°楕円を描くとさらにわかりやすいです。

【球の立体図の頂点と底点】

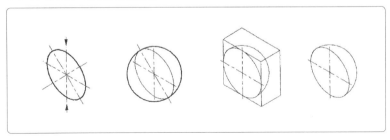

● **描き方（2）**

【球の立体図の頂点と底点】

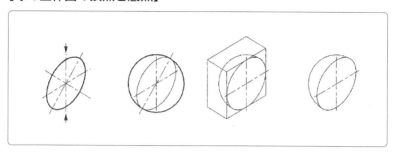

14.「円盤＋球」の図形の立体図の描き方

「円盤＋球」の図形の立体図の描き方の説明図です。

ヒント：「円盤＋球」です。分解して考えると、やさしいです。

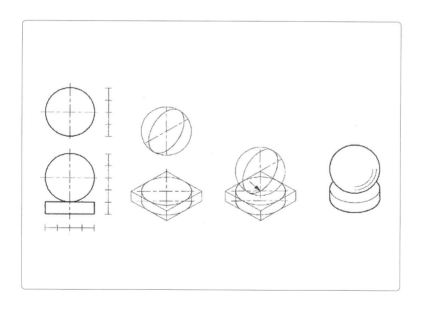

【練習用】

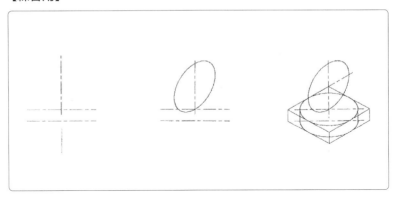

15.「球＋円柱＋球」の図形の立体図の描き方

「球＋円柱＋球」の図形の立体図の描き方の説明図です。
ヒント:「球＋円柱＋球」です。分解して考えると、やさしいです。

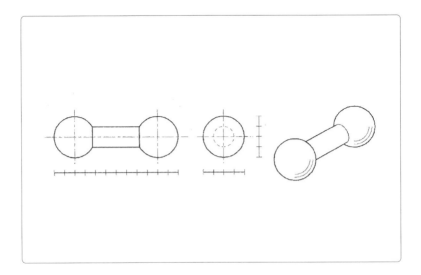

【練習用】

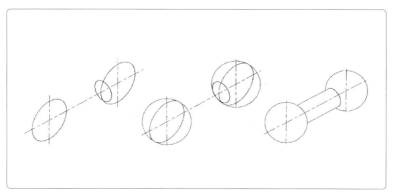

16.「盤＋円柱＋球」の図形の立体図の描き方

「盤＋円柱＋球」の図形の立体図の描き方の説明図です。

ヒント：「盤＋円柱＋球」です。分解して考えると、やさしいです。

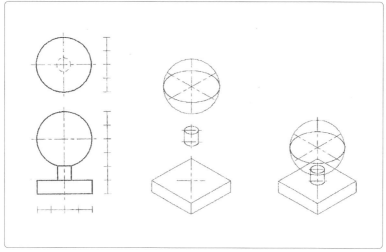

【練習用】

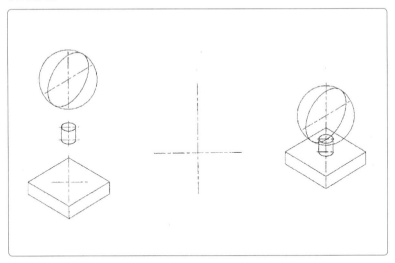

【メモ】

第 5 章

知ってトクする
立体図の知識

1．図の数は少ないほうがいい

「立体図」がなぜいいのでしょう。一緒に考えてみましょう。

一般的に、図面といえば、3つの情報「正面図、平面図、側面図」のことを想像するのが普通です。図面を見ると、3つの情報があります。

それにもかかわらず、その形「立体的な形状」がピントきません。

形「立体的な形状」を理解するためには、製図の基礎的な知識を求められるのが普通だからです。

たとえば、子どもが夢中になるプラモデルの組立図があります。それには、3つの図面「正面図、平面図、側面図」は使われません。

なぜでしょう。製図のことをぜんぜん知らない子どもでも、説明図を見ただけで、物品の組立ができなければならないからです。

もし、説明図を見て、その組み立ての順序がわからなければ、子どもはプラモデルを買わないでしょう。

「立体図」は、誰が見ても、物の形がすぐに理解できます。

だから、まことに都合がいい図面といえるのです。

●**説明図（1）**

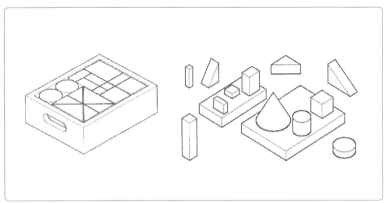

● 説明図（2）

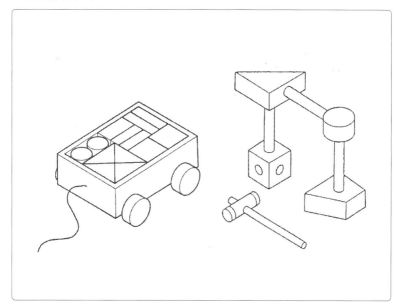

2．正面図の選び方

　物品の「正面図」は、形状、機能を一番わかるように表わした面であ
ることが大切です。人にたとえると、顔が正面です。

　だから、特許願の出願の図面を例にとっても、対象物の特徴が、一番
わかるように表われている面、または、創作のポイントが、一番わかり
やすく表われている面を「正面図」として描きます。

　しかし、物品の形状によっては、どの面を「正面図」として描けばい
いのか、悩むときもあります。

　そのときは、物品の表面積が一番広い面を「正面図」として描くとい
いでしょう。

【練習問題】

図のような物品の形状を描くときの「正面図」を選んでください。

（1）「消しゴム」

ポイント……ブロックの型の「消しゴム」の形状に注目しましょう。

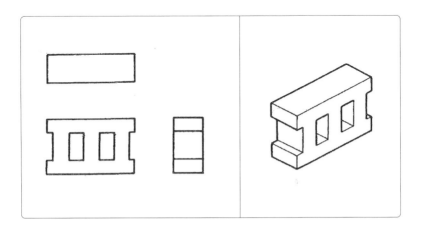

（2）「金づち」

ポイント……「金づち」の形状、機能に注目しましょう。

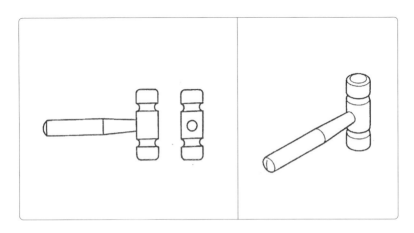

（3）「画びょう」

ポイント……「画びょう」の形状、機能に注目しましょう。

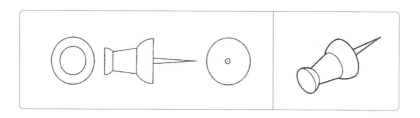

【解答】

（1）「消しゴム」	（2）「金づち」	（3）「画びょう」
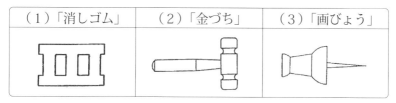		

3．平面的に表した図「正面図、平面図、側面図」と立体的に表した図「立体図」

　説明図（次ページ）の左側は、3つの情報「正面図、平面図、側面図」です。
　右側は、物品の立体図です。2つの図は、同じ物品を表しています。
　あなたは、この「正面図、平面図、側面図」を見て、その物品の立体的な形状を想像できますか。
　そこで、練習をするために、読者は、右側の立体図が見えないようにノートなどをおいて、左側の「正面図、平面図、側面図」から、立体的な形状を想像する練習をしていただきたいのです。
　そして、左側の図を見ただけで、右側の立体的な形状を思いおこせるようになっていただきたいのです。

【練習問題・1】

左側の図を見ただけで、右側の立体的な形状を想像してください。

【図1】

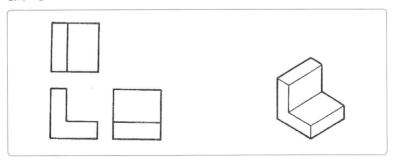

【図2】

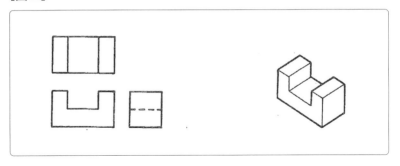

【図3】

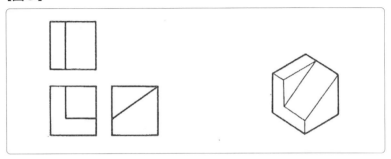

【図4】

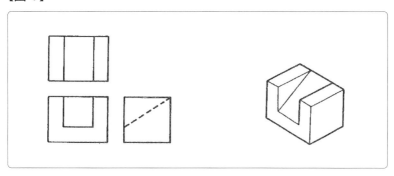

【練習問題・2】

　形状が少し複雑になりましたけど、ゆっくり見て、立体的な形状を想像してください。

【図1】

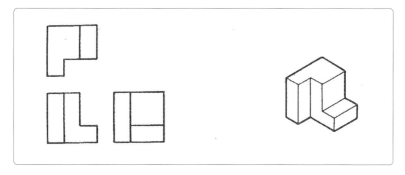

【図2】

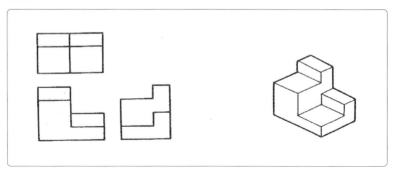

【図3】

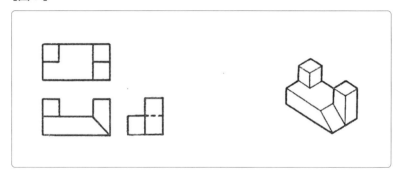

【メモ】

【練習問題・3】

　次の立体図で示す対象物の「正面図、平面図、側面図」を2つ描いて
います。その中から、正しい図はどれか、選んでください。

　線を薄く描いていますので、線をなぞって、練習してください。

　自分で描いてみると、形がわかりやすくなります。

【問題（1）】

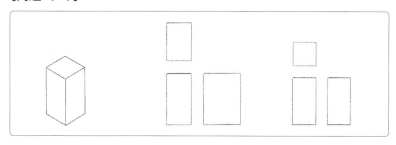

【問題（2）】

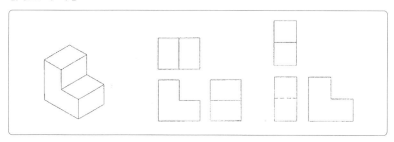

【問題（3）】

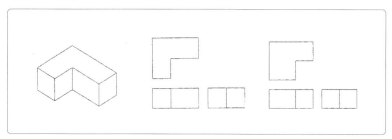

【問題（4）】

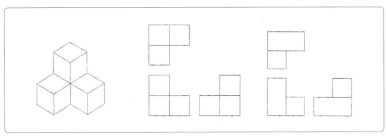

【解答（1）】   【解答（2）】

【解答（3）】   【解答（4）】

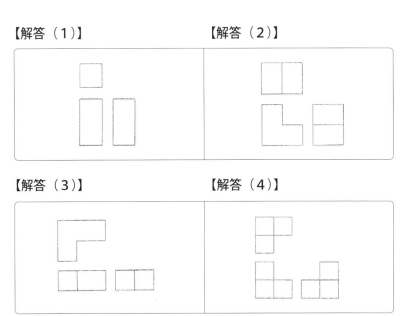

【練習問題・4】

左側の図を見ただけで、右側の立体的な形状を想像してください。

右側の立体図が見えないように、ノートなどをおいて見えないようにしてください。

「正面図、平面図、側面図」から、立体図を描く練習問題です。

線を薄く描いていますので、線をなぞって、練習してください。

自分で描いてみると、形がわかりやすくなります。

【問題（1）】

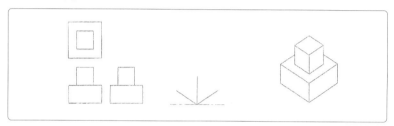

【問題（2）】

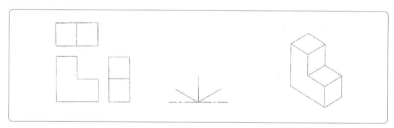

【問題（3）】

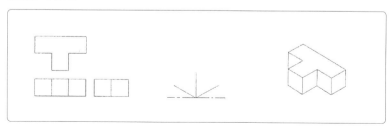

【問題（4）】

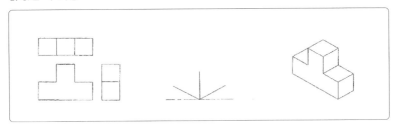

【問題（5）】

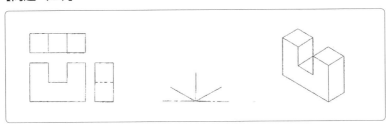

【問題（6）】

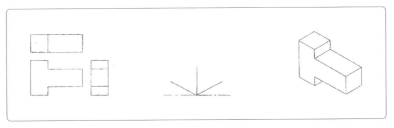

94

【練習問題・5】

　次の立体図で示す対象物の「正面図、平面図、側面図」を3つ描いています。その中から、正しい図はどれか、選んでください。

【問題（1）】

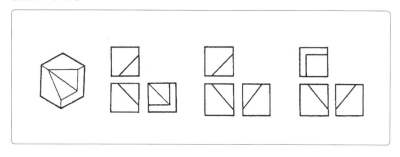

【問題（2）】

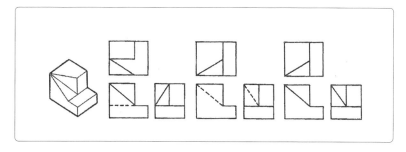

【問題（3）】

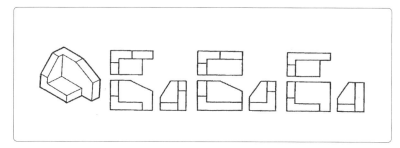

【解答（1）】

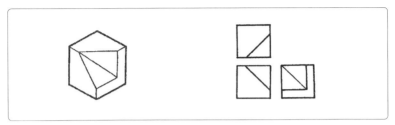

【解答（2）】

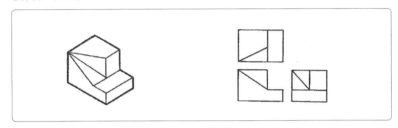

【解答（3）】

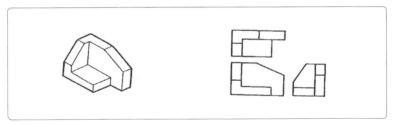

4.「立体図」はどの面を正面に表すのか

「立体図」は、その物品の形状の向きにより、じつにさまざまな形となって、紙面上に表現されます。

【図1】

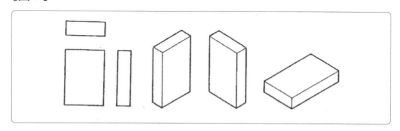

直方体「箱」のような形の物品の形状は、向きを気にしなくても大丈夫でしょう。

【図2】

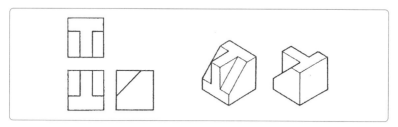

この図の物品は、傾斜面の部分の形状がポイントになります。

傾斜面の形状がわかるように描くことです。

その描き方の向きによっては、どんな形状なのか、わかりにくくなります。

【図3】

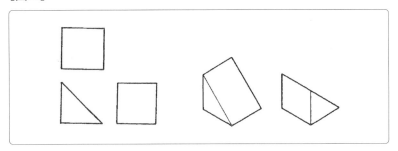

　この図は、作図の間違いはありませんが、見る方向によって、形状の感じが違っています。

【図4】

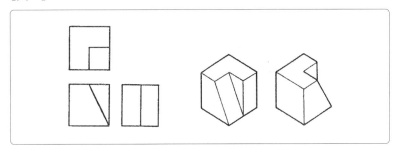

　この図は、作図の間違いはありませんが、見る方向によって、形状の感じが違っています。
　どの作図がいいか、図を比べてみてください。
　スグに判断ができるでしょう。

第6章

CAD、CAD プリンターも
気になるけど
手描きはとても大切

1. 手描きの３Ｄ「立体図」から始める試作品づくり

（1）スムーズに○○の作品の試作品をつくる

手描きの立体図からでも、物品の形状の大きさ (寸法) を決めていれば、試作品をつくることができます。

試作品をつくる相談をするときは、立体図を見ながら、話ができます。

立体図の情報を共有することができます。すると、お互いにとってムダがなく、スムーズに作品の試作品をつくることができます。

【練習問題】

左側の３つの情報「正面図、平面図、側面図」があります。

この物品の立体図を描いてください。

ヒント：立方体の一部分をカットしています。

【問題（1）】

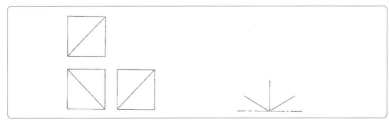

【問題（2）】

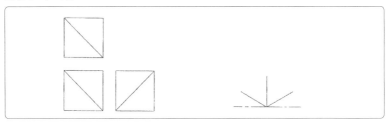

（2）ムダな時間を省く

　たとえば、試作品の打ち合わせをするとき、メールや電話でやり取りをします。

　だけど、それだけだと、時間をかけて、思いを伝えたとしても、お互いが思い描く、物品の形状に、食い違いが生じることもあります。

　食い違ったまま話を進めて行くと、どうなると思いますか。

　必ずお互いが、あれ（!?）……、 何か違うなあー（!?）……、と感じたまま、不信感が募ります。

　その結果、途中で話が自然に消滅してしまうこともあります。

　一からやり取りをして、ようやく、決まりかかっていたのに、話が頓挫（とんざ）してしまうこともあります。

　すると、また、新しい会社を探さなければなりません。

　……、こんな、ムダな時間を使わないようにしたいですよね。

（3）ムダな時間を使わないために、立体図は大切

　ムダな時間を使わないために、大切なのが、立体図です。

　一番いいのは、つくりたい物品の形状の製作図があることですが、最初は、そう簡単にはいきません。

　では、どうすればいいですか。

　一番簡単な方法は、手描きの立体図です。

　物品の形状の大きさ（寸法）が書かれた、手描きの立体図があれば、採用する会社の担当者にもイメージが伝わります。

　このように、情報を共有することによって、会社の担当者も、発明者に的確なアドバイスができます。

　ここが、大切なところです。ここを省略すると、のちのち、食い違いが生じます。すると、お互いに、信用がなくなります。それでは、○○の作品を完成させる途中で、ダメになってしまいます。

　最初、やりたいことをしっかりと共有しましょう。

（4）実際の打ち合わせ

　最初から、作品の立体図を描いている人や物品の形状を作図できる人には、作品の立体図を見ながら、作品の相談ができます。

　立体図を描いていないと、まだ、課題（問題）が解決していないなど、……、打ち合わせの途中で、次々と課題（問題）が出てきます。

　そのときは、課題（問題）を一つひとつ解決しましょう。

◆ 練習問題の解答
【解答（1）】

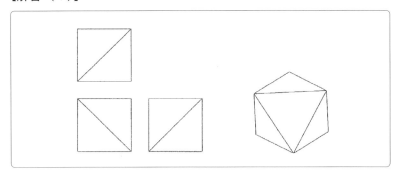

【解答（2）】

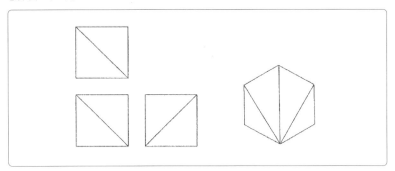

　どうでしたか。……、立体図、描けましたか。
「問題・2」は、悩んだ人が多いと思います。

2．手描きの図面

（1）手描きの図面は、これからも必要か

　ものづくりの設計者がアイデアを具体的な形に表すには、図面（設計図）が必要です。

　物品を製造するときは、製造の担当者に、物品の形状の大きさ（寸法）を正確に伝えることが必要です。

　その方法が図面（設計図）です。一定の規則（製図規格）にしたがって図面（説明図）を描くことが製図です。

（2）CAD があれば手描きの図面はいらない（？）

　いまは、CAD が全盛です。専任の CAD オペレータがいる会社も多く、設計者が自分で図面（説明図）を描く機会は減っています。

　しかし、設計者には、次のような背景から、いまも、自ら手描きで図面（説明図）を描ける能力が必要です。

　CAD を使いこなすためには、製図規格を習得し、図面の描き方や読み方を身につける必要があります。

　そのためには、手描きで図面（説明図）を描くことです。正確で、読みやすい図面の描き方を覚えることが大切です。

　CAD は、端末画面で表示するため、機械や装置の全体像を把握しにくい面があります。

　とくに、基本の設計段階では、手描きの図で、計画図に表してみるほうが、形状や機械全体のバランスなどを把握しやすいことが多いといえます。

　最近は、３D－CAD が広く、設計や製造に用いられるようになっていますが、二次元の図面から製造される機械部品も数多くあります。

　三次元で、設計し、三次元で、物をつくり、三次元で、アフターサー

ビスまでを行なえれば、それが最もいいことですが、世の中の大半は、コスト、効率の観点から、紙という二次元で動いていることも現実です。

したがって、二次元の図で、三次元の立体の形状を表現することに慣れておくことが現実的といえます。

機械の立体形状（三次元・3D）を、二次元（2D）の図（正面図、平面図、側面図）に展開して正確に表す能力は、ものづくりにとって必要不可欠な知識です。

※ 3D（スリーディー・three dimensions）

※ CAD（Computer Aided Design）

3．3Dプリンター（3D printer）

3Dプリンターは、用紙にインクで、平面的に印刷をする一般的なプリンターとは違います。

みなさんが使っているプリンターといえば、パソコンで作成した文書や写真などを2次元（2D）の平面の用紙に印刷する機械です。

みなさんの家庭や職場にあるプリンターを同じように表現すれば、2Dプリンターです。

3Dプリンターは、立体物を表すデータをもとに、一層一層、樹脂などの特殊な材料を少しずつ積み重ねていくことで、現実の物体、立体の造形物をつくりだしていく機械です。

3Dプリンターは、立体物を印刷するプリンターです。プリンターによって性能は異なりますが、基本的には、三次元（3D）のデータさえあれば、自由に造形物を出力することができます。

※ 3Dプリンター（3D printer）

4．立体の分解図が描ける

　みなさんは、立体図の基本形「立方体、直方体、円柱、円すい、球」
が描けるようになりました。自信を持ってください。
　作図例（1）は、書類に一穴の穴をあける「ミニパンチ」、作図例（2）
は、機械要素の六角ボルトと六角ナットの立体の分解図です。

● **作図例（1）**
【「ミニパンチ」の立体の分解図】

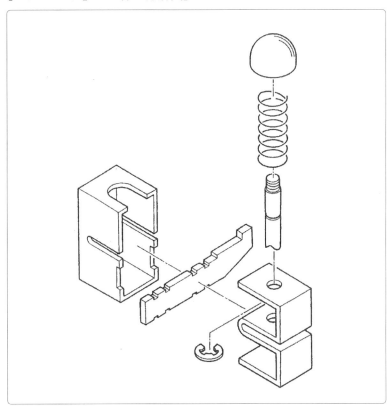

● 作図例（2）

【「六角ボルトと六角ナット」の立体の分解図】

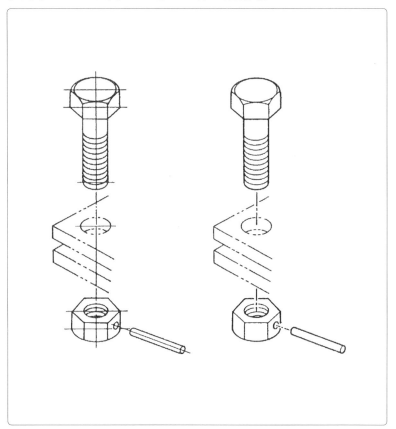

● 立体の分解図を描いてみよう

　どれくらいの立体図が描けるようになっているか、ここで、私が試しに描いてみます。図は、「ロボット」の立体の分解図です。すごいでしょう。でも、一つ一つの図を見てください。

　「立方体・直方体・円柱・円すい・球」の立体図です。

　それを組み合わせているだけです。

この図は、作図をするために、作図の補助線を描いています。

この図を下図（したず）といいます。

【「ロボット」の立体の分解図】

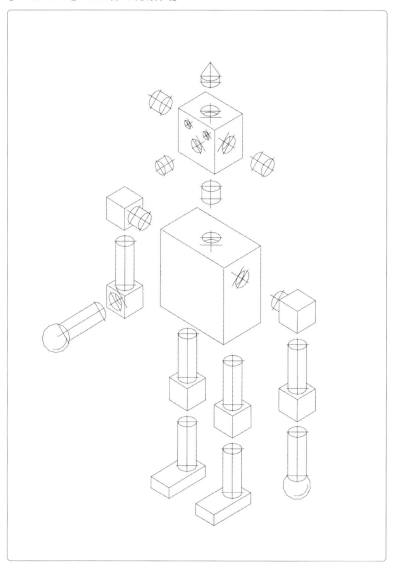

図は、不要な線（作図の補助線）を消しました。
線を薄く描いていますので、線をなぞって、練習してください。
かっこいい「ロボットの立体の分解図」が完成しますよ。

5．手描きで図面が描けると、
　 現場でスグに対応できる

　私の職場は、（一社）発明学会（東京都新宿区余丁町 7 番 1 号）です。
　町（個人）の発明家に特許の権利の取り方や特許の図面の描き方など
を教えています。入社して、40 年になります。指導の実績も豊富です。
　私は、大学でも講師（非常勤）をしています。講座は、CAD「製図の
基礎」の科目を担当しています。
　パソコン「AutoCAD（CAD ソフト）」も使いますが、日頃から、手描
きを大切にしています。
　手描きの基礎製図は、30 歳のときから教えているので、教え方はな
れています。パソコン「AutoCAD（CAD ソフト）」では、教えていなかっ
たので、大学で講義を担当することになったとき、私は、教え方を学ぶ
ために、パソコンで本を書くことを考えました。
　そして、3 冊書きました。「これでわかる―第三角法・第一角法の基
礎―例題と演習 (パワー社刊・2007 年 11 月 1 日発行)」、「これでわか
る―製図の基礎―第三角法・第一角法・立体図（パワー社刊・2008 年
2 月 1 日発行)」、「これでわかる立体図の描き方―基礎と演習（パワー
社刊・2008 年 6 月 1 日発行)」です。参考書に使っています。
　毎年、学生さんから、パソコンの時代なのに、なぜ、いま、手描きな
んですか、……、と質問を受けます。
　そのとき、私がたとえるのが、文章です。パソコンのワード（Word）
です。
　パソコンにはワード（Word）のソフトがあります。だけど、文章を
書いてくれるわけではありません。
　文章を書くときに、作業を助けてくれる道具「ツール」です。
　キレイな文字で、一行何字で、一ページ何行で、清書をしてくれる道

具「ツール」です。

　文章を考えてくれるわけではありません。文章を書いてくれるわけで
はないのです。

　CADのソフトも同じです。

　たとえば、線の太さ、0.4㎜の直線を50㎜描きなさい。

　直径10㎜の円を2個描きなさい。

　0.2㎜の一点鎖線で、円の中心線を描いてください。

　……、など、人が操作しないと、パソコンは、物品の正面図、平面図、
側面図の図面も、立体図の図面も、描いてくれません。

　図面を描くためには、一定の規則（製図規格）の知識が必要です。

　それにしたがって図面を描くことが製図です。

　だから、手描きで、製図の基礎を学び、間違いのない図面を描けるよ
うになっていただきたいのです。

　それを確認できるのが手描きの図面です。

　また、手描きで、図面が描けて、さらに、現場でスグに対応できるよ
うになっていただきたいのです。

　【メモ】

第7章

文字・数字の
上手な描き方

1．文字や数字の上手な描き方

　図面に用いる文字や数字は、図面と同じように、読み誤りや誤解が生じないように描くことが大切です。

　きちんと相手に伝えるためには、文字や数字の大きさをそろえて、ていねいに描くことです。

　標準的な文字や数字は、日本産業規格（JIS 規格）で定められています。JIS 規格とは．日本産業規格（JIS ＝ Japanese Industrial Standards の略）です。

　それを紹介しましょう。

　文字や数字の上手な描き方をご一読ください。

　この上に透明紙（トレーシングペーパー）をおいて、模写して、描き方を練習するといいでしょう。

　アラビア数字やローマ字（アルファベッド）は、水平に対して、約75°傾けて描きますが、直立体でも大丈夫です。

2．数字の描き方

　数字は、アラビア数字を用います。

　アラビア数字は、水平に対して、約 75°傾けて描くのが一般的です。

　３と８、５と６などは、形がにているので、、まぎらわしくないように、注意して描くことです。

　図は、アラビア数字の描き方です。

【アラビア数字の描き方】

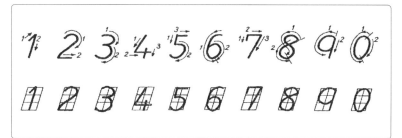

【練習用】

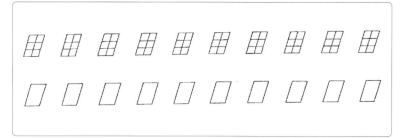

3．ローマ字（アルファベッド）の大文字の描き方

　ローマ字（アルファベッド）は、水平に対して、約75°傾けて描くのが一般的です。

　図（次ページ）は、ローマ字（アルファベッド）の大文字の描き方です。

　この上に透明紙（トレーシングペーパー）をおいて、模写して、描き方を練習するといいでしょう。

【ローマ字（アルファベット）の大文字の描き方】

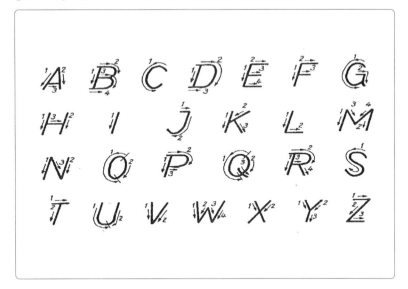

【ローマ字（アルファベット）の大文字の描き方】

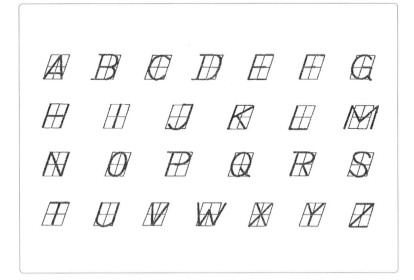

【練習用】

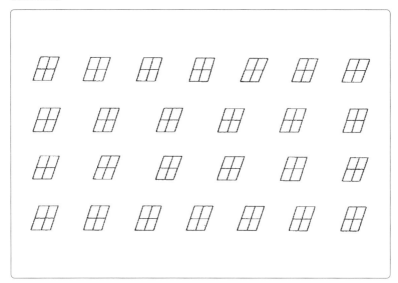

【練習用】

4．ローマ字（アルファベッド）の小文字の描き方

　図は、ローマ字（アルファベッド）の小文字の描き方です。
　この上に透明紙（トレーシングペーパー）をおいて、模写して、描き方を練習するといいでしょう。

【ローマ字（アルファベッド）の小文字の描き方】

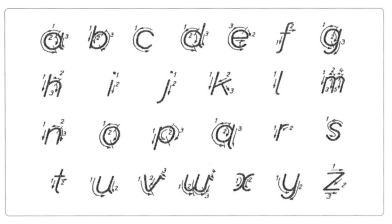

【ローマ字（アルファベッド）の小文字の描き方】

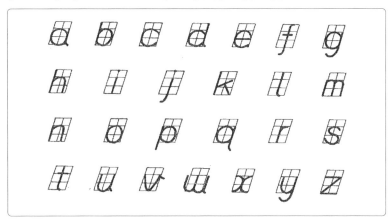

【練習用】

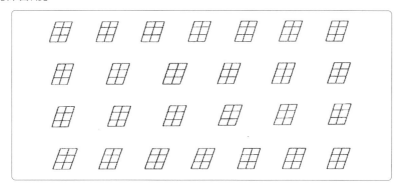

【練習用】

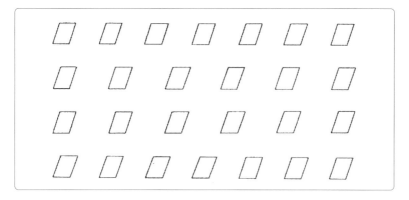

5．かなの描き方

　専門用語の“かな”は、“カタカナ”を使うのが一般的です。

　それ以外は、“ひらがな”を使います。

　この上に透明紙（トレーシングペーパー）をおいて、模写して、描き

方を練習するといいでしょう。

（1）カタカナの描き方

図は、カタカナの描き方です。

この上に透明紙（トレーシングペーパー）をおいて、模写して、描き方を練習するといいでしょう。

【カタカナの描き方】

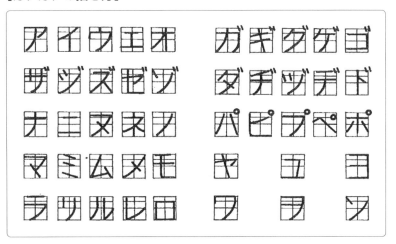

【練習用】

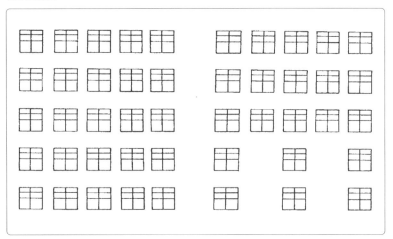

（2）ひらがなの描き方

図は、ひらがなの描き方です。

この上に透明紙（トレーシングペーパー）をおいて、模写して、描き方を練習するといいでしょう。

【ひらがなの描き方】

【練習用】

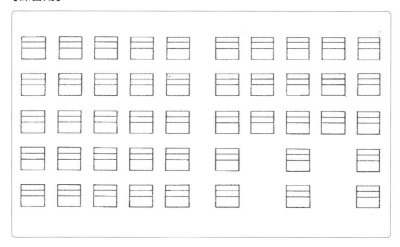

6．漢字の描き方

　漢字は、楷書（かいしょ）で描きます。

　図は、漢字の描き方です。

　この上に透明紙（トレーシングペーパー）をおいて、模写して、描き方を練習するといいでしょう。

【漢字の描き方】

【練習用】

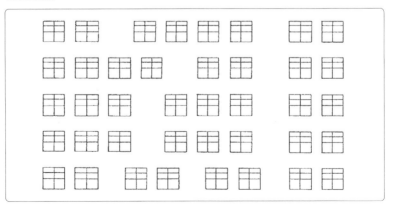

第8章

アイデアと立体図

1．立方体の形のアイデアと立体図
「四角いタマゴの成形器」

【説明図】

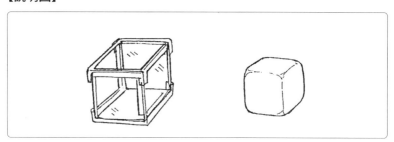

　立方体の形のアイデアは、「四角いタマゴの成形器」です。

　タマゴは、ゆでタマゴにして、弁当のおかずに使うことが多いです。

　でも、タマゴの形は、ラグビーのボールのように楕円形をしています。

　ところが、弁当箱は四角い「直方体」。カドにスキ間ができてしまいます。そこで、ゆでタマゴを四角に成形することを考えました。

　そして、透明板でコの字型の枠を2個つくり、組み合わせた「四角いタマゴの成形器」を考えました。その枠を相対させ、熱いゆでタマゴのカラをむいて、タマゴの成形器にはさみ込みます。その上から、輪ゴムでギュッと締めて、冷蔵庫で冷やせば、そのまま固くなります。

　そうすると、立方体の四角いゆでタマゴができあがります。おまけに、黄身まで四角の立方体になります。

　ゆでタマゴが上手くできなくても、キミ（君）のせいではないですよ。ご安心ください。四角い立方体のアイデアだけに、あなたは発明家になれる四角（資格）があります。

　図は、「四角いタマゴの成形器」の説明図です。

　立方体（キューブ・Cube）は、立体図の基本形の一つです。

2．立方体の形のアイデアと立体図 「ルービックキューブ」

【説明図】

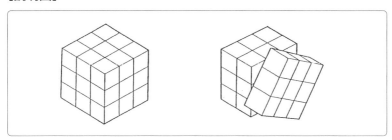

　立方体の形のアイデアは、「ルービックキューブ」です。

　かって、爆発的な人気を呼んだ「ルービックキューブ」は、ハンガリーのルービックさんという建築工学の教授が発明したものです。

　じつは、この「ルービックキューブ」に、隠れた話があります。

　それは、日本でも、同じ原理で立体的なパズルを発明した人がいました。

　その人は、石毛 照俊さんです。そのことを知らなくて、(株) ツクダは、教授と契約して「ルービックキューブ」を日本で売り出しました。

　担当者が念のため、日本でも先行技術（先願）の調査をしました。すると、石毛さんのアイデアが登録されていました。

　とうぜん、製品を販売すると、石毛さんの権利にふれます。

　それで、株式会社 ツクダは、石毛さんと契約金200万円、ロイヤリティ（特許の実施料）1.5％で契約しました。

　その後、石毛さんは、約7,000万円ものロイヤリティ（特許の実施料）をいただきました。図は、「ルービックキューブ」の説明図です。

3．円柱の形のアイデアと立体図
「オセロ」

【説明図】

　円柱の形のアイデアは、「オセロ」です。

　子どもから大人まで、世界各地で親しまれている「オセロ」は、製薬会社のセールスマン、長谷川五郎さんの発明品です。

　お医者さんは、碁を好きな人が多いので、その相手をしながら、薬の売り込みをしていましたが、一局に時間がかかってかないません。

　薬の売り上げを増やすためには、医者と碁をうつ時間を短くすることだ、と考えた長谷川さんは、牛乳のフタに墨をぬって、相手の石をはさんだら、自分の石の色を変える……という簡単なルールを考案しました。

　オセロのゲームのルールは、タテ、ヨコに8コマずつ、計64コマを白と黒のコマで埋めて、最後にどちらの色のコマが多いかで、勝ち負けを決める。……、という具合に、きわめて単純です。

　それでいて、やっていて、つい夢中にさせる知的なゲームです。

　このアイデアは、ツクダオリジナルで製品化され、長谷川さんは、2億円以上のロイヤリティ（特許の実施料）をいただいたといいます。

　図は、オセロの駒「白、黒」の説明図です。

　円柱（Cylinder）は、立体図の基本形の一つです。

4．角柱と円柱の形のアイデアと立体図 「拍子木」

【説明図】

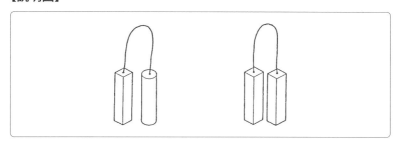

　角柱と円柱の形のアイデアは、「拍子木」です。

　この「拍子木」、何のしかけもカラクリもありません。ただ単に、角柱と円柱の「角柱＋円柱」で一対の木を紐で結んだだけの「拍子木」です。

　いままでの「拍子木＝角柱＋角柱」は、互いに「角柱＋角柱」のため、たたくときは、面と面の接触になります。そのため「カチカチ」と美しい同一音を発するためには、ある程度の練習が必要でした。

　そこで、初心者でも簡単に「拍子木」を鳴らせるように、角柱と円柱「角柱＋円柱」を組み合わせました。

　これだと、たたくときは、面と局面の接触になり、初心者でも、少しの時間、練習するだけで、美しい同一音を連続的に発することができます。

　さらに発展させて、球形の握り部（頭部）をつけると男女のコケシになります。すると、カップルのあなたと私を、つなげてくれます。

　しかも、その地域のお土産品になります。

　図は、「角柱＋円柱」の拍子木、「角柱＋角柱」の拍子木の説明図です。

5．直方体と円柱の形のアイデアと立体図
「スタンドをつけたまな板」

【説明図】

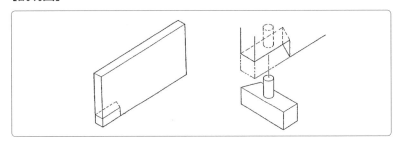

　直方体と円柱の形のアイデアは、「スタンドをつけたまな板」です。

　日比野純一さんは、まことに、アイデアが大好きで、自分の部屋は、発明品で埋まっています。

　その発明品を取材するため、新聞社やテレビ局の人が、日比野さんの家をよく訪ねてきます。そして、作品の取材をしてくれます。

　日比野さんは、手づくりで試作品をつくるのが上手いです。それで、何でもつくってしまいます。

　その中で、とくにいいのが、「スタンドをつけたまな板」です。

　どこの家庭でも、台所でまな板の水切りに苦労するものです。

　そのため、まな板を立てる台などが高価なのによく売れています。

　そこで、日比野さんは、水切りが簡単で、衛生的で、しかも、安価にできるようにと、まな板の角の一部を切り、その部分を回転自在にして、まな板を立てる台などを別に準備しなくても、まな板を立てられるように、まな板の一部をスタンドの形にしたのです。

　このアイデア、契約金 60 万円で採用されました。

　図は、「スタンドをつけたまな板」の説明図です。

6．円すいの形のアイデアと立体図
「コーンのチラシずし」

【説明図】

　円すいの形のアイデアは、「コーンのチラシずし」です。

　おすし屋さんには、子ども連れのお客さんもいます。

　そして、「チラシずし」を注文します。ところが、子どもは、チラシずしを、はしでも、スプーンでも、上手く食べられません。

　そこで、アイスクリームのコーンに、チラシずしを入れたらどうか、と考えたのです。そうすると、はしを使わなくても、チラシずしを食べられます。さっそく、コーンに、チラシずしを入れて、試作品をつくって食べてみました。

　すると、子どもが喜ぶだけでなく、大人までが、これはいい、というのです。いいことにあと片づけがいらないのです。環境にもやさしいです。

　コーンの容器のおかげで、みなさんが、陽気（容器）になりますよ。

　図は、円すいの「コーンのチラシずし」の説明図です。

　「円すい（コーン・Cone）」は、立体図の基本形の一つです。

7．円すいの形のアイデアと立体図
「洗濯機の糸くず取り具（クリーニングペット）」

【説明図】

　円すいの形のアイデアは、「洗濯機の糸くず取り具」です。

　ＴＶ、ラジオ、新聞、雑誌などで、町（個人）の発明家が紹介される
とき、必ずといっていいほど「洗濯機の糸くず取り具」が登場します。

　この作品が考えられたのは、昭和43年です。「洗濯機の糸くず取り具」
のロイヤリティ（特許の実施料）は、約3億円です。

　東京発明学校のある日の発表に、円すい状の網袋の枠に吸盤を2個取
りつけた「洗濯機の糸くず取り具」がありました。右側の説明図は、最
初の試作品です。町の発明家の第一人者の笹沼喜美賀さんが考えたもの
です。第一志望の会社に手紙で売り込み（プレゼン）をしても、いい返
事をいただけなかったので、どこかのスポンサーの目にとまるかもしれ
ない、と思って発表したそうです。

　そのスポンサーになってくれたのが、当時の（株）ダイヤコーポレー
ションです。発売して2年めに、当時の松下電器が洗濯機に一個ずつつ
けることになって、ここだけで、月に約15万個も売れたそうです。社
外アイデアを採用してヒット商品を生んだ好例です。

　図は「洗濯機の糸くず取り具（クリーニングペット）」の説明図です。

8．球の形のアイデアと立体図
「芝をつけたゴルフボール」

【説明図】

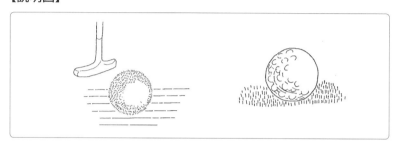

　球の形のアイデアは、「芝をつけたゴルフボール」です。

　アイデアの発想法には、欠点列挙法とか、逆転の発想とか、……、いろいろな発想法があります。

　Hさんは、ゴルフが大好きです。ときどき、自宅でパターの練習をします。しかし、庭に芝生がありません。だから、板の間の廊下で練習をすると、ボールがゴロゴロと、どこまでも転がって、グリーンの感じがでないのです。そこで、人工芝のついたマットを買おうと思いました。ところが、数万円もします。もったいないです。

　そこで、Hさんは、逆転の発想を思い出しました。マットに毛を生やすから、人工芝がついたマットは高くなるのだ、……。だったら、逆に、ボールの表面に毛をつけたらどうなるか、……、と考えたのです。

　さっそく、じゅうたんの毛をむしって、接着剤で、ボールの表面につけてみました。すると、廊下でも、なかなかなものです。パターの感じがでます。この「芝をつけたゴルフボール」、D社が採用しました。

　図は、「芝をつけたゴルフボール」の説明図です。「球（Sphere）」は、立体図の基本形の一つです。

9．球の形のアイデアと立体図
「クリップ式の釣り鈴」

【説明図】

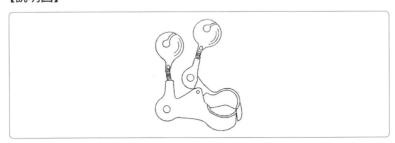

　球の形のアイデアは、「クリップ式の釣り鈴」です。

　誰でも、趣味をもっています。ゴルフ、園芸、釣り、などです。こうした趣味は、自分なりに工夫をすると、いっそう楽しくなります。

　たとえば、釣りをするとき、浮きを使うのが一般的です。ところが、夜釣りは、浮きが見えないので使えません。

　そのため、魚がかかったのがわかるように、竿の先に、鈴を糸でグルグル巻いて取りつけて、使っている人もいます。

　しかし、実際にやってみると、なかなか大変です。

　そこで、洗濯ものをロープに止めるときに使うピンチを利用して「クリップ式の釣り鈴」を考えました。

　そうすると、このピンチで竿の先を挟むだけでOKです。

　これで、ワンタッチで、鈴を取りつけ、取りはずしができます。

　構造は簡単ですが、効果は抜群です。だから、ピンチでなくて、製品化のチャンスです。

　このアイデアは、すぐに製品化されました。

　図は、球の「クリップ式の釣り鈴」の説明図です。

第9章

手づくりの特許願と立体図

1．特許願に必要な書類

「特許願」に必要な書類は、次の5つです。
これから、書類の形式とまとめ方を説明します。

①	願　書	1
②	明細書	1
③	特許請求の範囲	1
④	要約書	1
⑤	図　面	1

　用紙は、すべて、A列4番「A4（横21cm、縦29.7cm）」です。
　白紙を縦長にして使います。図面の用紙は、トレーシングペーパー、または、白紙を縦長にして使います。
　紙面の都合上、本書で説明する書類の用紙の大きさ、形式などが規則（特許法施行規則）どおりになっていません。あらかじめご了承ください。
　「明細書」、「図面」は、何枚（何ページ）にもなることがあります。
　何枚（何ページ）になっても、「明細書　1」、「図面　1」と書いてください。
　数字の「1」は、「1通」と、いう意味です。ページ数ではありません。

※注．製法特許「方法の発明」の出願をするとき、「明細書」の説明だけで、作品の内容が理解できれば「図面」をつけなくてもいいことになっています。

　「願書」は、用紙の上に、6cmの余白を取ります。左右、下は、2cmの余白を取ります。
　文字は、パソコンのワード（Word）などの黒字で、はっきり書きます。
　活字の大きさは、10ポイントから12ポイントです。パソコンのワー

ド（Word）の文字の大きさは、通常 10.5 ポイントになっています。

　書類のまとめ方は左横書きです。1 行は 40 字詰めでまとめます。各行の間隔は、4 ㎜以上。1 ページは、50 行以内でまとめます。

　カッコ「(」、「)」、アラビア数字「1、2、3、……」も 1 字分として使います。「、（読点）」、「。（まる）」も 1 字分として使います。文章の抹消、訂正、重ね書き、および、行間挿入を行なうことはできません。

　また、半角文字は使えません。

　たとえば、「P-2021-01」→「Ｐ－２０２１－０１」です。

　項目、見出しは「【」、「】」（すみつきかっこ）を使います。

【書類名】、【整理番号】、【提出日】などです。

◆ 一口メモ

　パソコンのワード（Word）を使用するときは、最初に「ページ設定」をしておくと、あとは簡単です。文字数（1 行 40 字）と行数（1 ページ 50 行）、周囲の余白（周囲に 20mm）、用紙の大きさ（Ａ4）、活字の大きさ（10.5 ポイント）などです。

　具体的な項目については、書類の事例を参照してください。

　「【　】」の記号と「▲、▼」は、使える個所が決められています。

2．書類で大切なのは形式

（1）特許願は、「ラブレター」よりもやさしい

　特許願は、あなたが「【あて先】　特許庁長官 殿」に、私は○○の作品を考えました。○○の作品は、本当に素晴らしいです。ぜひ、私に特許の権利をください。たとえば、恋をしている人が、私と結婚してください。……、と申し込む手紙「ラブレター」です。

　ここで、また、ウーン……、と考え、悩んでいる人はいませんか。

そういう人は、○○さんのことが大好きになって、……、大好きです。……、という、気持ちを伝えたいとき、どうでしたか。

手紙を書きましたよね。そのときを思い出してください。悩んだのは、相手の気持ちでしょう。それで、ペンがうまく動かなかったのです。

ところが、特許願は、それも、短文で、個条書きで、形式どおりに、まとめればいいのです。文章をうまく書こう。……、と悩まなくて大丈夫。作品の内容がわかればいいのです。

だから、筆者はラブレターよりも、自信をもって、特許願のまとめ方は、やさしい。……、といっています。

（2）作品のことを一番理解しているのはあなた

作品の試作代、特許願の出願の費用などに、ムリをして、お金を使わないでくださいね。お金を使っても、作品の製品化は実現しませんよ。

タダの頭、手、足を使ってください。あなたが考えた作品です。

作品のことを一番理解しているのはあなたです。だから、手づくりで、試作品もつくれるでしょう。特許願の出願の書類もまとめられるでしょう。

大丈夫です。一緒に学習しましょう。

○○の作品が1番だ！　最高だ！　だから、権利を取りたい。

……、と思っても、費用が、何十万円もかかります。

……、といわれたら、どうしますか。

やーめた！　……、となるでしょう。

それでは、ここで、一発奮起しましょう。1通の特許願で、3年間"一攫千金""億万長者"の大きな"夢"を見ることができます。

□ 出願審査請求書

○○の作品の特許の権利を取るためには、「出願審査請求書」を提出します。

その期間が出願の日から3年以内です。誰でも提出できます。

筆者は、講演、講義のときに、いつも、ムリ、ムダなお金を使っては

いけない。……、と力説しています。

　そういった状況の中で、会社の提案、改善提案から出る作品とか、お金に余裕がある人は、プロに頼んでもいいと思います。

　手間がかからなくて、いいかもしれません。でもですね。……、あくまでも、筆者の希望です。少なくても、考えた○○の作品が、特許になるのか、その判断ができるようには、なっていただきたいです。

（3）特許願の出願の書類のまとめ方で悩むより、費用の方が大変

いま、チャレンジしている作品は、知識が豊富で、得意な分野でしょう。

　特許願の出願の書類は、形式に当てはめて、まとめるだけです。

　思っているよりは、難しくないですよ。だから、自信をもってください。

　……、まとめるときは、サポートしますよ。

　実費で、どれくらいかかるか、計算してみましょう。

□ **出願料** …「出願料」は、14,000 円（特許印紙代）です。

□ **電子化手数料** …「電子化手数料」は、基本料（1,200 円）＋（書類の枚数× 700 円）です。

□ **出願審査請求料** …「出願審査請求料」は、138,000 円＋（請求項の数× 4,000 円）です。

□ **登録料** … 第 1 年から第 3 年までの「登録料」は、毎年 2,300 円に、1 請求項につき 200 円を加えた額です。

　合計すると、約 18 万円です。それを、プロにお願いすると、費用は、どれくらいかかると思いますか。……、100 万円くらいでしょう。

　だから、「発明貧乏」、「出願貧乏」と、いう言葉まで生まれたのです。

　特許などの知的財産権を取りたくても、お金に余裕がない人、中小企業は大変です。

　たとえば、町（個人）の発明家、サラリーマン、ＯＬとか、芸術家とか、主婦とか、学生さんとかです。そういう人は、ムリをして、お金を使ってはいけませんよ。

出願をするための費用が高いです。それで、○○の作品を特許に出願できないのです。その結果、そのままになっているものは、何万件、いや何十万件もあると思います。

　会社の提案、改善提案から出る作品の件数はもっと多いと思います。

　また、その中で１件くらいは、なけなしの財布をはたいてプロに頼んだ、としても、２件、３件となると、○○の作品は素晴らしい！と思っても、手軽に出願をする。……、というわけにはいかないのです。

　同じ作品にしても、テーマ「科目」が違う作品にしても、２つ、３つは特許を取って、それで、製品化が実現する、と考えたら大間違いです。

　１つ出願をしても、製品化が実現せず、２つ特許になっても同じです。

　上手くいきませんでした。……、という人が多いからです。

　どこが悪いのでしょうか。……、ここで、悩み、考えましょう。

　それによって、目が肥え、経験ができるのです。

　その結果、○○の作品は、製品に結びつくのです。

《参考文献》

　特許願の書類の書き方の参考文献は、拙著『はじめの一歩 一人で特許の手続きをするならこの１冊 改訂版』（自由国民社刊）、『完全マニュアル！ 発明・特許ビジネス』（日本地域社会研究所）などがあります。

3. 「願書」の形式

　「願書」は、○○の作品の「発明者」、「特許出願人」などをまとめた書類です。

◆「願書」の形式

「例. 10,000円＋1,000円×4枚＝14,000円

（14,000円）

【書類名】	特許願
【整理番号】	
【提出日】	令和　　年　　月　　日
【あて先】	特許庁長官　殿
【国際特許分類】	
【発明者】	
【住所又は居所】	
【氏名】	
【特許出願人】	
【識別番号】	
【住所又は居所】	
【氏名又は名称】	（印）又は〔識別ラベル〕
【電話番号】	
【提出物件の目録】	
【物件名】	明細書　　　　　　　1
【物件名】	特許請求の範囲　　　1
【物件名】	要約書　　　　　　　1
【物件名】	図面　　　　　　　　1

用紙は、「A4（横21㎝、縦29.7㎝）」の白紙を縦長にして使います。
用紙の上に、6㎝の余白を取ります。左右、下に、2㎝の余白を取ります。
1行は、40字詰めです。1ページは、50行以内でまとめます。

4.「明細書」の形式

　「明細書」は、特許庁の審査官、他の人（第三者）が読んで、作品の内容がわかるように、「発明の目的」、「発明の構成」、「発明の効果」を詳しくまとめる書類です。

◆「明細書」の形式

```
                                                           ─ ─

    【書類名】          明細書
    【発明の名称】
    【技術分野】
      【０００１】
    【背景技術】
      【０００２】
    【先行技術文献】
      【特許文献】
        【０００３】
      【特許文献１】
    【発明の概要】
      【発明が解決しようとする課題】
        【０００４】
      【課題を解決するための手段】
        【０００５】
      【発明の効果】
        【０００６】
    【図面の簡単な説明】
      【０００７】
    【発明を実施するための形態】
      【０００８】
    【符号の説明】
      【０００９】
```

　用紙「Ａ４（横21㎝、縦29.7㎝）」は白紙を縦長にして使います。用紙の左右、上下に、2㎝の余白を取ります。1行は40字詰め。1ページは50行以内でまとめます。

◆ 「明細書」の形式　● そのまま使えるまとめ方 ●

※ ページ数を書く。→　　－1－

【書類名】　　　明細書
【発明の名称】　○○○○
【技術分野】
　【0001】
　　本発明は、………………………………………………………………
　………………○○○○に関するものである。
　　※ ○○○○には、発明の名称を書きます。
【背景技術】
　【0002】
　　従来、……………………………………………………………………。

【先行技術文献】
　【特許文献】
　【0003】
　【特許文献1】　特開○○○○－○○○○○○○号公報

【発明の概要】
【発明が解決しようとする課題】
　【0004】
　　これは、次のような欠点があった。
（イ）………………………………………………………。
（ロ）………………………………………………。
　　本発明は、以上のような欠点をなくすためになされたものである。

　【課題を解決するための手段】
　【0005】
　………………………………………………………………………………。
　　本発明は、以上の構成よりなる○○○○である。

　紙面の都合上、本書で説明する書類の用紙の大きさ、形式などが規則（特
許法施行規則）どおりになっていません。あらかじめご了承ください。

【発明の効果】
【０００６】
（イ）……………………………………………………………。
（ロ）…………………………………………………………。

【図面の簡単な説明】
【０００７】
【図１】　本発明の○○図である。
【図２】　本発明の○○図である。
※ ○○図には、正面図、断面図、斜視図、……、などのように書きます。

【発明を実施するための形態】
【０００８】
以下、本発明を実施するための形態について説明する。
……………………………………………………………………。
………………………………………………………………。
本発明は、以上のような構造である。
本発明を使用するときは、……………………………………………。
…………………………………………………………。

【符号の説明】
【０００９】
　　１　○○○
　　２　○○○
　　３　○○○
　…　………
　…　………

5. 「特許請求の範囲」の形式

　「特許請求の範囲」は、○○の作品の、○○の部分が私の発明だ！
権利だ！　……、というところをまとめる書類です。

◆「特許請求の範囲」の形式

```
　【書類名】　　特許請求の範囲
　【請求項1】
```

```
　※ 文章は、一文で書きます。
　　　文の途中に「。」（マル）をつけないでください。
```

　用紙は、「Ａ4（横21㎝、縦29.7㎝）」の白紙を縦長にして使います。
　左右、上下に、2㎝の余白を取ります。
　1行は、40字詰めです。1ページは、50行以内でまとめます。

6.「要約書」の形式

「要約書」は、「明細書」に書いた○○の作品の内容の要点だけを、簡潔にまとめる書類です。全体を400字以内でわかりやすく要領よくまとめます。

◆「要約書」の形式

　　【書類名】　　要約書
　　【要約】
　　【課題】　………………………………………………………………………
　　………………………………○○○○を提供する。
　　【解決手段】　……………………………………………………………………
　　…………を特徴とする。
　　【選択図】

　　　　※ ○○○○には、発明の名称を書きます。

　　※「要約書」の内容は、特許の権利範囲には関係ありません。
　　　全体を400字以内でわかりやすく要領よくまとめてください。

用紙は、「A4（横21cm、縦29.7cm）」の白紙を縦長にして使います。

用紙の左右、上下に、2cmの余白を取ります。

1行は、40字詰めです。1ページは、50行以内でまとめます。

7.「図面」の形式

「図面」は、工夫したところを示すための書類です。

◆「図面」の形式

　用紙は、「Ａ４（横21㎝、縦29.7㎝）」のトレーシングペーパー、または、白紙を縦長にして使います。

　図は、用紙の横17㎝、縦25.5㎝をこえないように描きます。

　黒色（製図用ペン、黒インク）で、鮮明に描きます（コピーでも結構です）。

8．手本になる特許願のまとめ方

■ 試作品をつくり、テスト（実験）の成果が製品化につながる

（1）手づくりで試作品がつくれる範囲内から、テーマ「科目」を選ぶ

思いついた作品、手づくりで、試作品をつくってみてください。だけど、最初は、上手くつくれないでしょう。それで、いいんですよ。

ところが、一試作ごとに、上手くできます。すると、近い将来、製品化を実現したい、……、と思う気持ちが強くなります。だから、手づくりで、試作品、つくってほしいのです。テスト（実験）、してほしいのです。

その成果が製品化につながるのです。試作品は、製品化を実現させる一番大切な「心臓部」です。

町（個人）の発明家の中には、○○の作品、製品化が実現しない。……、とグチをいう人がいます。

その理由ですか。気がついていると思いますが、それは、得意（大好き）な分野で、手づくりで試作品が作れる範囲内から、テーマ「科目」を選んでいないのです。

（2）満足するまで、試作、テスト（実験）をして改良しよう

町（個人）の発明家の笹沼喜美賀さんが考えた、「洗濯機の糸くず取り具」は、ヒット商品になりました。

その過程を、ご本人から聞いたことがあります。

要点をご紹介しましょう。白のワイシャツ、セーターを洗ったあと、水面を見ると、糸くずが浮かんでいたのです。

そこで、うどんをすくい取るように、袋で糸くずをすくい取ったら、……、と思ってストッキングを輪切りにして尻を結びました。

それに柄をつけた糸くず取り具の試作品をつくったのです。

　そして、使ってみました。テスト（実験）をしました。すると、靴下を干したとき、糸くずがついていませんでした。それが、何日か続きました。ある日、疲れて、その手をじっと止めていました。浮いた糸くずは、水の流れにしたがって袋の中にどんどん流れ込みました。

　……、ハッとしました。それから、袋を洗濯機に取りつけたら、自然に糸くずが取れることがわかったのです。

　笹沼さんは、手づくりで、試作品をつくりました。テスト（実験）をしました。効果を確認しました。その結果をまとめて、その都度、満足するまで改良しました。その結果、ヒット商品につながったのです。

　笹沼さんは、どのような書類にまとめたのか、気になりますよね。

　では、ここで、一緒に出願の書類をまとめてみましょう。

■ 練習問題・「形を円すいの形状にした洗濯機の糸くず取り具」

　題材は、「第8章　アイデアと立体図」で紹介した「洗濯機の糸くず取り具」です。「洗濯機の糸くず取り具」は、町（個人）の発明家で、超有名な笹沼喜美賀さんが考えた作品です。

　そのスポンサーになったのが、(株)ダイヤコーポレーションです。笹沼さんは、3億円近い「ロイヤリティ（特許の実施料）」をいただきました。

　発表して2年めに、当時の松下電器が、一つずつ洗濯機につけることになって、ここだけで、月に約15万個も売れたそうです。まさに「社外アイデア」を採用して、ビッグなヒット商品を生んだ好例です。

　その製品名が「クリーニングボール」です。

　このように素晴らしい作品は、製品化の夢が実現するから楽しいのです。

◆ 「洗濯機の糸くず取り具（クリーニングボール）」の説明図

【書類名】　図面

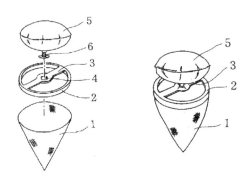

【符号の説明】　1　網袋　2　ワク　3　支軸　4　取りつけ穴
　　　5　空気袋　6　空気入れ口

　作品は、洗濯機の水中にただよったり、浮いている糸くず、綿ぼこりを自動的に取り除く、「洗濯機の糸くず取り具」です。

　網袋の開口部に、枠を設け、枠に支軸を設け、支軸の中央に取りつけ穴を設け、空気袋に空気入れ口を設け、空気袋を支軸に取りつけたものです。

　ヒット商品になった「洗濯機の糸くず取り具」、どのような書類にまとめたのか、一緒に研究しましょう。おつきあいください。

　そして、みなさんが、「発明者」、「特許出願人」になって、億万長者になったつもりでまとめてみましょう。ワクワクしますよ。

●「明細書」には、どんなことを書くのか
　「明細書」には、「発明の名称」、「技術分野」、「背景技術」、「特許技術

文献」を書きます。

　続けて、「発明の概要」を書きます。「発明の概要」は、次の項目にわけます。「発明が解決しようとする課題」、「課題を解決するための手段」、「発明の効果」です。

　続けて、「図面の簡単な説明」を書きます。

　続けて、「発明を実施するための形態」を書きます。

　続けて、「符号の説明」を書きます。

　それでは、「明細書」の書き方の要点を、順を追って説明しましょう。

① 明細書の「題名」、「【書類名】　明細書」を書く

　「明細書」の題名を「【書類名】　明細書」と書きます。

② 「発明の名称」を書く

　「発明の名称」を書きます。「発明の名称」は、作品の内容を簡単、明瞭にあらわすような名称をつけてください。

　たとえば、「【発明の名称】　洗濯機の糸くず取り具」と書きます。

③ 「技術分野」、「背景技術」、「先行技術文献」を書く

　「技術分野」には、何を、どのような目的で考えたのか、「発明の目的」発明のあらまし（概要）を書きます。

　「背景技術」、「先行技術文献」には、どんな「物品の形状」、「物品の構造」のものがあったのか、「背景技術」、「先行技術文献」を書きます。

【技術分野】

　【０００１】

　本発明は、洗濯中に洗濯機内の水中にただよう糸くず、綿ぼこりを自動的に取り除くようにした、洗濯機の糸くず取り具に関するものである。

【背景技術】

　【０００２】

　従来の洗濯機は、性能は良くなりました。

　ところが、セーター、ワイシャツなどを洗ったとき、糸くず、綿ぼこ

りまで、吸い取ってしまうようになった。

　その結果、衣類からでた、糸くず、綿ぼこりが、水中をただよったり、浮いてしまう（特許文献1参照）。

【先行技術文献】

　【特許文献1】

　【０００３】

　【特許文献1】　　特開○○○○－○○○○○○号公報

---

④「発明の概要、発明が解決しようとする課題」を書く

　「発明の概要」は、次の項目にわけます。

　「発明が解決しようとする課題」、「課題を解決するための手段」、「発明の効果」です。

　「発明が解決しようとする課題」は、○○の発明に、どんな課題があったのか、を書きます。

　洗濯機は、新製品が発売されるごとに、性能が良くなりました。

　でも、セーター、ワイシャツなどを洗ったとき、糸くず、綿ぼこりを吸い取って、水中にただよったり、浮くようになりました。

　その「課題（構造の欠点、使用上の問題点）」は、どこか、何か、……、と「欠点列挙法」で調べてみました。

【発明の概要】

　【発明が解決しようとする課題】

　【０００４】

　これは、次のような欠点があった。

　（イ）洗って干すとき、洗濯物の衣類、黒色の靴下などの表面に点々と糸くず、綿ぼこりが付着していた。

　それが目立ち、見苦しかった。

　（ロ）洗濯をして、干したあと、片づけるとき、衣類に付着した糸くず、

綿ぼこりを、一つひとつ手で取り除いていた。

これは、きわめてわずらわしい作業であった。

（ハ）衣類の生地を傷める原因にもなっていた。

本発明は、以上のような欠点をなくすためになされたものである。

───────────────

以上のような課題（問題）を書きます。

その課題（問題）をなくすのが、「発明の目的」です。

では、どのような方法で、課題（問題）を解決したのか、を書きます。

⑤「課題を解決するための手段」を書く

「課題を解決するための手段」は、課題（問題）の解決方法を説明します。

この課題（問題）を解決するために、どのような物品の形状、物品の構造にしたのか、……、を書きます。

「課題を解決するための手段」を書くわけです。

そこで、課題（問題）を解決するための方法として、網袋の開口部に、枠を設け、枠に支軸を設け、支軸の中央に取りつけ穴を設け、空気袋に空気入れ口を設け、空気袋を支軸に取りつけました。

それが、「発明の構造」です。

⑥「発明の効果」を書く

その結果、どのような効果が生まれましたか。

その「発明の効果」を書きます。

「発明が解決しようとする課題」に書いた、いままでの発明の課題（問題）を解決した点が「発明の効果」になります。

なるほど、と、感心させられる効果を書きます。

───────────────

【発明が解決するための手段】

【０００５】

網袋（１）の開口部に、枠（２）を設け、枠（２）に支軸（３）を設け、支軸（３）の中央に取りつけ穴（４）を設け、空気袋（５）に空気

入れ口（6）を設け、空気袋（5）を支軸（3）に取りつける。

　本発明は、以上の構成よりなる洗濯機の糸くず取り具である。

　【発明の効果】

　【０００６】

　（イ）洗濯機の中に本発明品を浮かせておくだけで、糸くず、綿ぼこりを自動的に取り除くことができる。

　（ロ）衣類の生地を傷めることもなくなる。

　（ハ）空気袋（5）をふくらませると大きくなるが、空気を抜くと小さくなり、大きさを自在にできるので、輸送と保管が便利である。

---

⑦「図面の簡単な説明」を書く

　図の一つひとつを簡単に説明し、「図面の簡単な説明」を書きます。

⑧「発明を実施するための形態」を書く

　「発明を実施するための形態」を説明します。

　○○の作品をどのように使うのか、「使い方」を説明します。

⑨「符号の説明」を書く

　「符号の説明」を書きます。

　項目を続けて書けば、特許の「明細書」になります。

　以上のような内容の作品です。

　「洗濯機の糸くず取り具」は、うまく考えた作品です。

9．特許願・見本

◆「願書」・見本

「例．　10,000 円＋ 1,000 円× 4 枚＝ 14,000 円

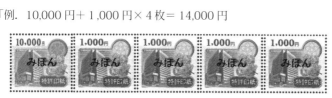

（14,000円）

【書類名】	特許願
【整理番号】	P－2021－01
【提出日】	令和○年○月○○日
【あて先】	特許庁長官　殿

【国際特許分類】

【発明者】

【住所又は居所】	○○都○○区○○町○丁目○番○号
【氏名】	○○　　○○

【特許出願人】

　【識別番号】

【住所又は居所】	○○都○○区○○町○丁目○番○号
【氏名又は名称】	○○　　○○　　　　（印）又は〔識別ラベル〕
【電話番号】	○○－○○○○－○○○○

【提出物件の目録】

【書類名】	明細書	1
【書類名】	特許請求の範囲	1
【書類名】	要約書	1
【書類名】	図面	1

◆ 「明細書」・見本

【書類名】　　　　明細書
【発明の名称】　洗濯機の糸くず取り具
【技術分野】
　【0001】
　　本発明は、洗濯中に洗濯機内の水中にただよう糸くず、綿ぼこりを自動的に取り除くようにした、洗濯機の糸くず取り具に関するものである。
【背景技術】
　【0002】
　　従来の洗濯機は、性能は良くなったが、セーター、ワイシャツなどを洗ったとき、糸くず、綿ぼこりまで、吸い取ってしまうようになってしまった。
　　その結果、衣類からでた、糸くず、綿ぼこりが、水中をただよったり、浮いてしまう（特許文献1参照）。
【先行技術文献】
　【特許文献1】
　【0003】
　【特許文献1】　特開○○○○－○○○○○○号公報
【発明の概要】
　【発明が解決しようとする課題】
　【0004】
　　これは、次のような欠点があった。
（イ）洗って干すとき、洗濯物の衣類、黒色の靴下などの表面に点々と糸くず、綿ぼこりが付着していた。
それが目立ち、見苦しかった。
（ロ）洗濯物を干したあとで、片づけるとき、衣類に付着した糸くず、綿ぼこりを、一つひとつ手で取り除いていた。
　　これは、きわめてわずらわしい作業であった。
（ハ）衣類の生地を傷める原因にもなっていた。
　　本発明は、以上のような欠点をなくすためになされたものである。
【課題を解決するための手段】
　【0005】

－2－

　網袋（1）の開口部に、枠（2）を設け、枠（2）に支軸（3）を設け、支軸（3）の中央に取りつけ穴（4）を設け、空気袋（5）に空気入れ口（6）を設け、空気袋（5）を支軸（3）に取りつける。

　本発明は、以上の構成よりなる洗濯機の糸くず取り具である。

【発明の効果】

【0006】

（イ）洗濯機の中に本発明を浮かせておくだけで、糸くず、綿ぼこりを自動的に取り除くことができる。

（ロ）衣類の生地を傷めることもなくなる。

（ハ）空気袋（5）をふくらませると大きくなるが、空気を抜くと小さくなり、大きさを自在にできるので、輸送と保管が便利である。

【図面の簡単な説明】

【0007】

　【図1】　本発明の分解斜視図である。

　【図2】　本発明の斜視図である。

【発明を実施するための形態】

【0008】

　以下、本発明を実施するための形態について説明する。

　細かい網目からなる円すい状の網袋（1）の開口部に、枠（2）を設ける。

　枠（2）に支軸（3）を設ける。

　支軸（3）の中央に取りつけ穴（4）を設ける。

　空気袋（5）に空気取り口（6）を設ける。

　空気袋（5）を支軸（3）に取りつける。

　本発明は、以上のような構造である。

　本発明を使用するときは、空気入れ口（6）から空気袋（5）に空気を入れて、ふくらませたあと、枠（2）に取りつける。

　そのあとで、洗濯機の中に投入しておく。

　そうすると、次のようにな要領で、糸くず、綿ぼこりが自動的に取り除けるようになった。

　洗濯機の中で、洗濯水は回転しながら中心でうずを巻いている。

　したがって、円すい状の網袋（1）の先端は、洗濯機の底の方へ引かれ、網袋（1）の開口部は空気袋（5）によって、いつも上を向きながら浮き沈みする。

　そこで、洗濯水は、網袋（1）の開口部から入り、網袋（1）の先端から抜ける。

　このとき、網袋（1）の網目で洗濯水を濾過して、糸くず、綿ぼこりだけが取れる。

【符号の説明】

【0009】
　　1　網袋
　　2　枠
　　3　支軸
　　4　取りつけ穴
　　5　空気袋
　　6　空気入れ口

◆「特許請求の範囲」・見本

【書類名】　　特許請求の範囲
【請求項1】
　網袋の開口部に、枠を設け、枠に支軸を設け、支軸の中央に取りつけ穴を設け、空気袋に空気入れ口を設け、空気袋を支軸に取りつけた洗濯機の糸くず取り具。

◆「要約書」・見本

【書類名】　要約書
【要約】
【課題】　本発明は、洗濯中に洗濯機内の水中にただよったり、浮いている糸くず、綿ぼこりを自動的に取り除くようにした、洗濯機の糸くず取り具を提供する。
【解決手段】　網袋の開口部に、枠を設け、枠に支軸を設け、支軸の中央に取りつけ穴を設け、空気袋に空気入れ口を設け、空気袋を支軸に取りつけたことを特徴とする。
【選択図】　図1

◆「図面」の描き方・見本

【書類名】　図面
【図1】

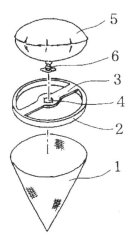

【図2】

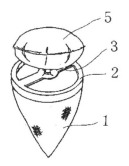

1　網袋　2　ワク　3　支軸　4　取りつけ穴
5　空気袋　6　空気入れ口

10. 作品の完成度が確認できる特許願の書類のチェック

「特許願」の書類の作成、お疲れ様でした。

全体をまとめてみると、作品の完成度が確認できて、なるほど、これはすごい、といって、感動できます。

ここで、さらに、ご自身でも、内容がまとまっているか、形式的なミスがないか、チェックリストを活用してください。内容の確認ができます。

□ 「特許願」の書類は、こういったところをチェックします。

	YES・NO	チェックの内容
①	□・□	用紙は、「A4（横21Cm、縦29.7Cm）」です。正しく使っていますか。 余白の取り方などをチェックしてください。
②	□・□	文字は、パソコン（Word）、タイプ印書（10〜12ポイント）などの黒字で、明確に書いていますか。
③	□・□	書類の書き方は、左横書きです。1行は、40字詰めです。 1ページは、50行以内で書いていますか。
④	□・□	数字は、半角数字「P-2021-01、【0001】、(1) など」を使っていませんか。 全角数字「Ｐ－２０２１－０１、【０００１】、（１）」にしてください。
⑤	□・□	項目名や見出しは、【　】（スミツキカッコと呼ぶ）で、くくっていますか。
⑥	□・□	書類「願書、明細書、特許請求の範囲、要約書、図面」は、そろっていますか。 書類全体のページ数は、不要です。
⑦	□・□	「提出物件の目録」は、「〇〇〇　1」になっていますか。 注.「〇〇〇　1」の「1」は、一通という意味です。 ページ数ではありません。

⑧	□・□	「明細書　3」になっていませんか。「明細書　1」が正しいです。
	□・□	「明細書」の用紙の右肩に、ページ数、－1－、－2－、のようにページ数を書いていますか。
	□・□	「図面　2」になっていませんか。 「図面　1」が正しいです。
	□・□	「図面」の用紙の右肩に、ページ数、－1－、－2－、のようにページ数を書いていますか。

□　「願書」のチェック

	YES・NO	チェックの内容
①	□・□	用紙は、「A4」です。正しく使っていますか。 余白の取り方などをチェックしてください。
②	□・□	特許印紙の額（14,000円）は、正しく書いていますか。
③	□・□	【整理番号】の書き方は、10字以下になっていますか。 「例．P－2021－01」
④	□・□	【提出日】は、特許庁に提出する日付（令和○年○月○○日）になっていますか。
⑤	□・□	【発明者】の【住所又は居所】、【氏名】は、正しく書いていますか。
⑥	□・□	【特許出願人】の【住所又は居所】、【氏名又は名称】は、正しく書いていますか。
⑦	□・□	都道府県、番地など省略せずに書いていますか。
⑧	□・□	特許出願人の印鑑は、朱肉印を使っていますか。

（1）特許願

（14,000円）

【書類名】	特許願
【整理番号】	P－2021－01
【提出日】	令和3年　月　　日
【あて先】	特許庁長官　殿
【国際特許分類】	
【発明者】	
【住所又は居所】	
【氏名】	
【特許出願人】	
【識別番号】	
【住所又は居所】	
【氏名又は名称】	（印）又は [識別ラベル]
【電話番号】	
【提出物件の目録】	
【物件名】	明細書　　　　　　　　1
【物件名】	特許請求の範囲　　　　1
【物件名】	要約書　　　　　　　　1
【物件名】	図面　　　　　　　　　1

（注：「願書」は、用紙「A4」の上方に、6㎝、左右、下に、2㎝の余白を取ります。

文字は、パソコン（Word）、タイプ印書（10 〜 12 ポイント）などの黒字で、明確に書きます。

「願書」の書き方は、左横書き、1 行は、40 字詰めです。1 ページは、50 行以内で書きます。最初に「ページ設定」するといいです）

（2）明細書

— 1 —

【書類名】　　　　明細書

【発明の名称】（名称だけで、発明の内容がわかるような名前を書いてください。）

【技術分野】

　【０００１】（発明のあらましを書いてください。）

　本発明は、

　　　　　　　　　　　　　　　　　　　に関するものである。

【背景技術】

　【０００２】（いままでのやり方を書いてください。）

　従来、　　　　　　　　　　　　　　があった(特許文献１参照)。

　また、　　　　　　　　　　　　　　があった(特許文献２参照)。

【先行技術文献】

　【特許文献】

　【０００３】

　【特許文献１】　特開　　　　−　　　　　号公報

　【特許文献２】　特開　　　　−　　　　　号公報

【発明の概要】（この行には何も書かないでください。）

　【発明が解決しようとする課題】

　【０００４】（いままでのやり方の問題点を書いてください。）

そのため、次のような問題点があった。

（イ）

（ロ）

　　本発明は、これらの問題点を解決するためになされたものである。

【課題を解決するための手段】

【０００５】（「特許請求範囲」と同じように書きます。）

　　以上を特徴とする（発明の名称を書く）である。

★　書き方（参考）

　　鉛筆の軸（１）の一端に筒（２）を設け、筒（２）に消しゴム（３）
を設ける。

　　以上を特徴とする消しゴムをつけた鉛筆である。

【発明の効果】

【０００６】（課題を解決した「発明の効果」を書いてください。）

（注：この表は、明細書の中には、書かないでください。「発明の効果」
だけを書いてください）

　　この表は、内容を比べてまとめやすいように書いています。

【発明が解決しようとする課題】	【発明の効果】
（イ）〔問題点 ①〕	（イ）〔解決 ①〕
（ロ）〔問題点 ②〕	（ロ）〔解決 ②〕
（ハ）〔問題点 ③〕	（ハ）〔解決 ③〕
（ニ）〔問題点 ④〕	（ニ）〔解決 ④〕

【図面の簡単な説明】

【０００７】（【図１】　図面の説明を書いてください。書くのは、正
面図、平面図、断面図、斜視図などの図面の名称です。）

　　【図１】　本発明の　　　　図である。

【図2】　本発明の　　　図である。
【図3】　本発明の　　　図である。

【発明を実施するための形態】
【０００８】
（具体的な実施の形態の構造を書いてください。
「特許請求範囲」を具体的に、さらに、詳しく書きます。）

以下、本発明を実施するための形態について説明する。
本発明は以上のような構造である。
本発明を使用するときは、

【符号の説明】
【０００９】
　　1　○○○（図面に書いた符号の名称を書いてください。）
　　2
　　3

□「明細書」のチェック

	YES・NO	チェックの内容
①	□・□	用紙は、「Ａ４」です。正しく使っていますか。 余白の取り方などをチェックしてください。
②	□・□	【発明の名称】　簡単明瞭に表現されていますか。 【技術分野】
	□・□	【０００１】　発明のあらまし（概要）が示されていますか。 【背景技術】
	□・□	【０００２】　従来の技術が示されていますか。

		【先行技術文献】
	□・□	【０００３】　特許文献が示されていますか。
		【発明の概要】
		【発明が解決しようとする課題】
	□・□	【０００４】　その欠点、発明の目的が示されていますか。
		【課題を解決するための手段】
	□・□	【０００５】　特許請求の範囲と同じように書いていますか。
②		【発明の効果】
	□・□	【０００６】　発明の効果、書いていますか。
		【図面の簡単な説明】
		【０００７】
	□・□	【図１】　【図１】、【図２】……、の説明は、「【図１】【図２】　本発明の○○図である。」正面図、平面図、断面図、斜視図などの図面の名称を書いていますか。
		【発明を実施するための形態】
	□・□	【０００８】　発明を実施するための形態が詳しく書いていますか。
	□・□	本発明の使い方が説明されていますか。
	□・□	上記項目の各部が関連づけられていますか。
		【符号の説明】
	□・□	【０００９】　要部の名称の説明を書いていますか。

(注：「明細書」は、用紙「Ａ４」の上下、左右に、２cmの余白を取ります。文字は、パソコン（Word）、タイプ印書（10 ～ 12 ポイント）などの黒字で、明確に書きます。「明細書」の書き方は、左横書き、１行は、40 字詰めとし、１ページは、50 行以内で書きます）

（3）特許請求の範囲

【書類名】　　特許請求の範囲
【請求項1】

　　　　　　　　　　　　　　を特徴とする○○○○○。
　※　○○○○○は、「発明の名称」を書いてください。

（注：用紙は、「Ａ4」の上下、左右に、2cmの余白を取ります。
書き方は、左横書きです。1行は、40字詰めです。1ページは、50行
以内で書きます）
※「特許請求の範囲」は、【課題を解決するための手段】をコピーします。

★　書き方（参考）
　鉛筆の軸（1）の一端に筒（2）を設け、筒（2）に消しゴム（3）
を設けたことを特徴とする消しゴムをつけた鉛筆。
　【説明図】

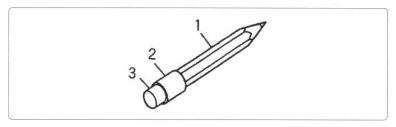

□「特許請求の範囲」のチェック

YES・NO	チェックの内容
□・□	用紙は、「Ａ4」です。正しく使っていますか。 余白の取り方などをチェックしてください。

□・□	① 構成要件が示されていますか。
□・□	② 発明の構成に欠くことのできない事項が書かれていますか。
□・□	③ 各部構成が関連づけられていますか。
□・□	④ 各要部の名称だけ並べていませんか。

（4）要約書

【書類名】　　要約書

【要約】

【課題】

　　　　　　　　　　　　　　　　　　　　　　　　を提供する。

【解決手段】

　　　　　　　　　　　　　　　　　　　　を特徴とする○○○○○。

【選択図】　図1

　【書類名】　　要約書

　【要約】

　【課題】　　　　　　　←「明細書」の【技術分野】をコピーする。

　【解決手段】　　　　　←「明細書」の【課題を解決するための手段】

　　　　　　　　　　　　をコピーする。

　※ 全体を400字以内で簡単にまとめます。

（注：用紙「Ａ４」の上下、左右に、2㎝の余白を取ります。

書き方は、左横書きです。1行は、40字詰めです。1ページは、50行

以内で書きます）

★　書き方（参考）

鉛筆の軸（1）の一端に筒（2）を設け、筒（2）に消しゴム（3）を設けたことを特徴とする消しゴムをつけた鉛筆。

【書類名】　　要約書

【要約】

【課題】　鉛筆の軸の一端に筒を設け、筒に消しゴムを設けたことを特徴とする消しゴムをつけた鉛筆を提供する。

【解決手段】　鉛筆の軸（1）の一端に筒（2）を設け、筒（2）に消しゴム（3）を設けたことを特徴とする消しゴムをつけた鉛筆。

【選択図】　図1

□　「要約書」のチェック

	YES・NO	チェックの内容
①	□・□	用紙は、「A4」です。正しく使っていますか。 余白の取り方などをチェックしてください。
②	□・□	【課題】の説明は、わかりやすいですか。 （　〜を提供する。）
③	□・□	【解決手段】の説明は、わかりやすいですか。 （　〜を特徴とする。）
④	□・□	【選択図】の選び方は、いいですか。 たとえば、「【選択図】　図1」のように書いていますか。
⑤	□・□	全体を400字以内で、まとめていますか。

□　「図面」のチェック

	YES・NO	チェックの内容
①	□・□	用紙は、「A4」です。正しく使っていますか。 余白の取り方などをチェックしてください。
②	□・□	図の番号は、【図1】、【図2】のように、書いていますか。

③	□・□	【図1】→【正面図】、【図2】→【断面図】のように、図面の名称を書いていませんか。
④	□・□	符号（数字）を書いていますか。
⑤	□・□	符号（数字）でなく要部の名称のみを書いていませんか。
⑥	□・□	各図は、横 17㎝、縦 25.5㎝の範囲内に描いていますか。

（5）「図 面」

【書類名】　　図 面
【図1】

各図は、横 17㎝、縦 25.5㎝の範囲内に描いてください。

【図1】、【図2】の説明と図が重なって、いませんか。

※ この枠の線は、説明用です。描かないでください。

【図2】

（注：図面は、用紙「Ａ４」の横 17㎝、縦 25.5 ｃｍの範囲内に描きます）

【書類名】　　図　面

　「図面」は、作品の内容のポイントをわかりやすく描くことが肝心です。図の枚数に制限はありません。

　複数ページになっても大丈夫です。複数ページのときは、用紙の右肩にページ番号「－１－、－２－、…」をつけます。

　用紙は、「Ａ４（横21cm、縦29.7cm）」のトレーシングペーパー、または、白紙を縦長に使って、黒色「製図用ペン、黒インク」で鮮明に描いてください。

　また、用紙の横17cm、縦25.5cmの範囲内に描いてください。

□「とじ方」のチェック

YES・NO	チェックの内容
□・□	書類「願書、明細書、特許請求の範囲、要約書、図面」は、そろっていますか。
□・□	書類の順番は、正しいですか。

　「① 願書、② 明細書、③ 特許請求の範囲、④ 要約書、⑤ 図面」を、順番に重ねて、左側をホッチキスでとじます。

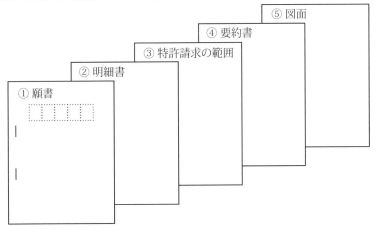

□ 準備ができたら、次の「手順」で、特許庁に提出「出願」してください。

手 順 ①	「特許印紙」は、郵便局（本局、集配郵便局）でお求めください。
手 順 ②	特許印紙に、消印をしないでください。
手 順 ③	郵便局で受付した日「消印」が出願日になります。 封書に貼った切手に日付の「消印」をはっきり押してもらうようにしましょう。
手 順 ④	提出する日付「【提出日】　令和○年○月○○日」を書いてください。
手 順 ⑤	【特許出願人】【氏名】　○○　○○　　　　　（印） 印鑑（朱肉印）を捺印してください。
手 順 ⑥	封書に入れて、特許庁に郵送（書留の郵便）します。

□ 出願書類の提出「郵送・持参」

□ 提出先「書留の郵送」 　〒 100-8915 　東京都千代田区霞が関 3-4-3 　特許庁長官　殿 　「特許願」在中　　「書留」	□ 持参する場合 　〒 100-8915 　東京都千代田区霞が関 3-4-3 　特許庁長官　殿 　出願課 受付 　TEL(03)3581-1101(代)

あとがき〔著者から贈る大事なお便り〕

● お金にかえられない楽しさ …… 発明道

立体図の描き方、楽しんでいただけましたか。

立体図は、発明・アイデアの分野でも、大活躍します。

ものづくりの創造力を発明に結びつけていただきたいのです。

本書をお読みになったみなさんは、いままで、何とも思っていなかった思いつきが、ひじょうに大切だ！　……、ということがわかっていただいたと思います。

誰でも、毎日、何か、……、便利になるものを思いついています。

それは、ほんのチョットしたことです。

それを前向きに実行すると大きな結果が生まれます。

そこで、どんなに小さな思いつきでも、それをもとにして、もう一つ深い思いつきをたずね。……、それを、さらに前向きに実行することによって、もっと役に立つ思いつきにすることができます。

すると、はじめはお金にしよう。……、と欲から入っていきます。

ところが、前向きに実行しているうちに、だんだん面白くなって、損得を計算しなくなります。

それよりも、どうすれば、人さまに役に立つ思いつきになるか。……、とけんめいに考えるようになります。

そして、「特許情報プラットフォーム（J-PlatPat）」で、先行技術（先願）を調べます。

試作品をつくるために材料を買います。手づくりで、試作品をつくります。テスト（実験）をします。本当に上手くいくか、積極的に試してみます。

そういうとき、月給が安いことも、地位が低いことも忘れて、カッカとなって夢中で考えるものです。そのときの楽しさ、そのときの生きが

い、これは、お金ではかえられない楽しさです。

　それを発明道といいます。だから、その思いつきがお金にならなくても、その真実一路をつっぱしることは、その人の修業としても、もっと尊いことです。それによって人間がみがかれます。その結果、ひとまわり大きな人物になれます。

　そして、それが続くと結果として、必ずお金と名誉がついてきます。

　つまり、お金、名誉は、フロクのようなものです。ついてこなくても本物のほうで十分むくわれます。

　しかも、一人残らず思いつきの過程では大きな夢を描いています。

　それは、先輩が示した事実が潜在意識として、あなたの中にあるからです。

　この思いつきが多くの人に大きな利益を与えてくれます。

　自分も巨万の富を得ることができます。そういう夢はみんなあります。

　すると、一気に元気になります。それで、人をうらんだり、だましたり、物を盗んだりして、不正にお金を得ようとする悪心はおこってきません。

　人間がもっている、立腹、不平、不満、心配などのあらゆる不快なできごとが、その夢のために消えていきます。

　だからこそ、町（個人）の発明家は、10％も、15％も、若く見えます。

　思いつきは、若返りの妙薬といえます。

● 著者があなたの作品を拝見しましょう

　著者は、何万人も町（個人）の発明家に、製品に結びつくテーマ「科目」の選び方や成功ノウハウを教えてきました。

　発明・アイデアの指導の実績も豊富です。それをもとに読者のみなさんが短期間で、○○の作品の製品化が実現できるように、そして、発明・アイデアを楽しめるように、目標の第一志望、第二志望の会社に売り込みのし方、企画書のまとめ方などのアドバイスをさせてください。

　余談ですが、自分のために貴重な時間をつくっていただき申し訳ない、と言って、その地方の美味しいお土産を持参していただける方もいます。心遣いうれしいですよね。著者は、洒落も大好きです。お酒も大好きです。

　発明は、スタートして、すぐに素晴らしいゴールがあるわけではありません。一般的には、作品の簡単な企画書をつくることからスタートします。

　それから、図面（説明図）を描いてください。手づくりで試作品をつくってください。テスト（実験）をして、不具合なところは改良をして、未完成の作品を完成させましょう。

　そして、特許などに出願します。

　会社で新しい作品をつくるときも、町（個人）の発明家でも、このステップはだいたい同じです。

　未完成の作品を１日も早く完成品にまとめましょう。最初は自分の作品が１番だ！　最高だ！　と、誰でも思うものです。

　また、思いつきを楽しんだり、お金にしようとする人は、東京発明学校に顔を出してお友だちをつくってください。

　なお、そうしたところに出席するのが苦手な人は、各種発明コンクールに応募してください。○○の作品の実力、確認できます。

　私をあなたの〝踏み台〟にしてください。そして、あなたの創作物が、特許になるのか、……、などを教授させてください。

　気軽に相談してください。事務的に処理しませんよ。親身になってお手伝いします。あなたと同じ立場になって応援します。

◆ 面接「体験相談〔１回・１件〕（予約が必要）」

　私に、面接「体験相談〔１回・１件〕（予約が必要）」を希望されるときは、相談に来られる前に、あなたの○○の作品に関連した情報、「特許情報プラットフォーム（J-PlatPat)）」で、先行技術（先願）を集めてください。

作品は、思いついただけでは、まとめられません。

〇〇の作品に関連した情報を整理して、出願の書類にまとめてください。

明細書（説明書）、図面（説明図）の書類は、必ず、コピーして持参してください。

出願の書類などの内容は、ＵＳＢメモリーに保存しておいてください。

相談をして、添削しながら、一緒にまとめましょう。

まとめ方が不安なときは、気軽に相談してください。

……、一緒に学習しましょう。

◆ 通信で、手紙の「体験相談〔1回・1件〕」

遠方で、面接「体験相談」に来られない方のために、通信で手紙の相談も行なっています。

出願の書類にまとめて、明細書（説明書）、図面（説明図）のコピーをお送りください。

手紙で、添削指導を受けることができます。そのときは、本書を読んだ、……、と本の書名を書いてください。一言、本の感想も添えていただけるとうれしいです。

用紙は、Ａ４（横21㎝、縦29.7㎝）の大きさの白紙を使用してください。

〇〇の作品の内容を短時間で理解できるように、パソコンのワード（Word）、または、ていねいな字で書いてください。

〇〇の作品に関連した情報を整理して、出願の書類にまとめてください。

明細書（説明書）、図面（説明図）の書類は、必ず写し（コピー）を送ってください。

返信用（返信切手を貼付、〒・住所、氏名を書いてください）の封筒（定）形外）、または、あて名を印刷したシールも一緒に送ってください。

　「体験相談〔１回・１件〕」の諸費用は、返信用とは、別に、１件、84円切手×８枚です。

◆「発明ライフ・入門（500円)」をプレゼント

　小冊子「発明ライフ・入門（500円)」をプレゼントいたします。

　あなたの作品を製品に結びつけるためのガイドブックです。得する情報満載の小冊子です。

◆「発明・アイデアコンクール応募用紙」をプレゼント

　社外の発明・アイデアを求めている会社が協賛している発明・アイデアコンクールです。

　発明・アイデアをお金「ロイヤリティ（特許の実施料)」に結びつける、町（個人）の発明家の登竜門です。

　これは、読者だけに対するサービスです。

〒 162-0055　東京都新宿区余丁町７番１号
一般社団法人　発明学会　気付　中本　繁実あて

　読者の皆様、貴重な時間を使って、本書を最後まで読んでいただきましてありがとうございました。心から、お礼申し上げます。

著者略歴

中本　繁実（なかもと しげみ）

　1953 年（昭和 28 年）長崎県西海市大瀬戸町生まれ。

　長崎工業高校卒、工学院大学工学部卒、1979 年社団法人
発明学会に入社し、現在は、会長。発明配達人として、講演、
著作、テレビなどで「わかりやすい知的財産権の取り方・生
かし方」、「わかりやすい特許出願書類の書き方」など、発明
を企業に結びつけて製品化するための指導を行っている。初心者のかくれたアイデ
アを引き出し、たくみな図解力、軽妙洒脱な話力により、知的財産立国を目指す日
本の発明最前線で活躍中。わかりやすい解説には定評がある。

　座をなごませる進行役として、恋愛などのたとえばなし、言葉遊び（ダジャレ）
を多用し、学生、受講生の意欲をたくみに引き出す講師（教師）として活躍している。
洒落も、お酒も大好き。数多くの個人発明家に、成功ノウハウを伝授。発明・アイ
デアの指導の実績も豊富。

　東京発明学校校長、工学院大学非常勤講師、家では、非常勤お父さん。

　日本経営協会　参与、改善・提案研究会 関東本部 企画運営委員

　著作家、出版プロデューサー、1 級テクニカルイラストレーション技能士。職業
訓練指導員。

　著書に「発明・アイデアの楽しみ方（中央経済社）」、「はじめて学ぶ知的財産権
（工学図書）」、「発明に恋して一攫千金（はまの出版）」、「発明のすすめ（勉誠出版）」、
「これでわかる立体図の描き方（パワー社）」、「誰にでもなれる発明お金持ち入門（実
業之日本社）」、「はじめの一歩　一人で特許（実用新案・意匠・商標）の手続きを
するならこの 1 冊　改訂版（自由国民社）」、「発明・特許への招待、やさしい発明
ビジネス入門、まねされない地域・企業のブランド戦略、発明魂、知的財産権は誰
でもとれる、環境衛生工学の実践（日本地域社会研究所）」、「特許出願かんたん教
科書（中央経済社）」、「発明で一攫千金 (宝島社)」、「発明！ヒット商品の開発、企
業が求める発明・アイデアがよくわかる本、こうすれば発明・アイデアで一攫千金
も夢じゃない！― あなたの出番ですよ！（日本地域社会研究所）など多数。

　監修に「面白いほどよくわかる発明の世界史（日本文芸社）」、「売れるネーミン
グの商標出願法、誰でも、上手にイラストが描ける！ 基礎のコツ（日本地域社会研
究所）」などがある。

　監修／テキストの執筆に、がくぶん「アイデア商品開発講座（通信教育）」テキ
スト 6 冊がある。

３Ｄ「立体図」作画の基礎知識

2021 年 1 月 30 日　第 1 刷発行

著　者　　中本繁実

発行者　　落合英秋

発行所　　株式会社 日本地域社会研究所

　　　　　〒 167-0043　東京都杉並区上荻 1-25-1

　　　　　TEL　（03）5397-1231（代表）

　　　　　FAX　（03）5397-1237

　　　　　メールアドレス　tps@n-chiken.com

　　　　　ホームページ　http://www.n-chiken.com

　　　　　郵便振替口座　00150-1-41143

子どもに豊かな放課後を

学童保育と学校をつなぐ飯塚市の挑戦

三浦清一郎・森本精造・大島まな著…共働き家庭が増え放課後教育の充実が望まれているのに、学校との連携が組織上不可能で進まないのが現状だ。健全な保育機能と教育機能の融合・充実をめざし、組織の垣根をこえた飯塚市の先進事例を紹介。

46判133頁／1400円

「過疎の地域」から「希望の地」へ

地方創生のヒント集　新時代の地域づくり

奥崎喜久著…過疎化への対策は遅れている。現状を打破するための行政と住民の役割は何か。各地で人口減少にストップをかけてきた実践者ならではの具体的な提案を紹介。過疎地に人を呼び込むための秘策や人口増につなげた国内外の成功事例も。

46判132頁／1500円

新時代の石門心学

今こそ石田梅岩に学ぶ！

黒川康徳著…石門心学の祖として歴史の一ページを飾った江戸中期の思想家・石田梅岩。今なお多くの名経営者が信奉する。平成の著名人が遺した珠玉の名言・金言集に生き方を学び、人生に目的とやりがいを見出すことのできるいつもそばに置いておきたい座右の書！

勤勉や正直、節約などをわかりやすく説き、当時の商人や町人を導いたという梅岩の思想を明日への提言を交えて解説。

46判283頁／2000円

平成時代の366名言集

～歴史に残したい人生が豊かになる一日一言～

久恒啓一編著…366の人生から取りだした幸せを呼ぶ一日一訓は、現代人の生きる指針となる。平成の著名人が遺した珠玉の名言・金言集に生き方を学び、人生に目的とやりがいを見出すことのできるいつもそばに置いておきたい座右の書！

46判667頁／3950円

聖書に学ぶ！人間福祉の実践

現代に問いかけるイエス

大澤史伸著…キリスト教会の表現するイエス像ではなく、人間としてのイエスという視点で時代を読み解く！人間イエスが見た現実、その中で彼はどのような福祉実践を行なったのか。人間としてのイエスは時代をどう生き抜いたかをわかりやすく解説。

46判132頁／1680円

中国と日本に生きた高遠家の人びと

戦争に翻弄されながらも懸命に生きた家族の物語

八木哲郎著…国や軍部の思惑、大きな時代のうねりの中で、世界は戦争へと突き進んでいく。時代に流されず懸命に生きた人びとの姿を描いた実録小説。来日した中国人留学生。高遠家と中国・天津から

46判315頁／2000円

三つ子になった雲　難病とたたかった子どもの物語　新装版

舶後靖彦・文／金子礼・絵…MLDという難病に苦しみながら、治療法が開発されないまま亡くなった少女とその家族をモデルに、重度の障害をかかえながら国会議員になった舶後靖彦が、口でパソコンを操作して書いた物語。

A5判上製36頁／1400円

思いつき・ヒラメキがお金になる！　簡単！ドリル式で特許願書がひとりで書ける

中本繁実著…「固い頭」を「軟らかい頭」にかえよう！小さな思いつきが、努力次第で特許商品になるかも。出願、売り込みまでの方法をわかりやすく解説した成功への道しるべともいえる1冊。

A5判223頁／1900円

誰でも上手にイラストが描ける！基礎とコツ　知っておけば絶対トクする優れワザ

阪尾真由美著／中本繁実監修…絵を描きたいけれど、どう描けばよいのかわからない。または、描きたいものがあるけれど、うまく描けないという人のために、描けるようになる方法を簡単にわかりやすく解説してくれるうれしい指南書！

A5判227頁／1900円

子ども地球歳時記　ハイクが新しい世界をつくる

柴生田俊一著…『地球歳時記』なる本を読んだ著者は、短い詩を作ることが子どもたちの想像力を刺激し、精神的緊張と注意力を目覚めさせるということに驚きと感銘を受けた。JALハイク・プロジェクト50年超の軌跡を描いた話題の書。

A5判229頁／1800円

神になった猫　天空を駆け回る

一般社団法人ザ・コミュニティ編／大泉洋子・文…ゆくえの知れぬ主人をさがしてさまよい歩き、たどり着いた街でたくさんの人に愛されて、天寿（享年26）をまっとうした奇跡の猫の物語。荻窪から飯田橋へ。

A5判54頁／1000円

次代に伝えたい日本文化の光と影

三浦清一郎著…新しい元号に「和」が戻った。「和」を重んじ競争を嫌う日本文化に、実力主義や経済格差が入り込み、歪みが生じている現代をどう生きていけばよいのか。その道標となる書。

46判134頁／1400円

日本地域社会研究所の好評図書

AI新時代を生き抜くコミュニケーション術

大村亮介編著…世の中のAI化がすすむ今、営業・接客などの販売職、管理職をはじめ、学校や地域の活動など、さまざまな場所で役に立つコミュニケーション術をわかりやすく解説したテキストにもなる1冊。

46判180頁／1680円

知識・知恵・素敵なアイデアをお金にする教科書

億万長者も夢じゃない!

中本繁実著…あなたのアイデアが莫大な利益を生むかも…。発想法、作品の作り方、アイデアを保護する知的財産権の取り方までをやさしく解説。発明・アイデア・特許に関する疑問の答えがここにある。

46判180頁／1680円

誰でも発明家になれる!

中本繁実著…自分のアイデアやひらめきが発明品として認められ、製品になったら、それは最高なことである。誰にでも可能性は無限にある。発想力、創造力を磨いて、道をひらくための指南書。

46判157頁／1500円

人生遅咲きの時代　ニッポン長寿者列伝

久恒啓一編著…人生後半からひときわ輝きを放った81人の生き様は、新時代を生きる私たちに勇気を与えてくれる。長寿者から学ぶ「人生100年時代」の生き方読本。

できることをコツコツ積み重ねれば道は開く

46判216頁／1680円

現代医療の不都合な実態に迫る

金屋隼斗著…高騰する医療費。競合する医療業界。増加する健康被害。国民の思いに寄り添えない医療の現実に正面から向き合い、現代医療の問題点を洗い出した渾身の書!

患者本位の医療を確立するために

46判246頁／2100円

体験者が語る前立腺がんは怖くない

前立腺がん患者会編・中川恵一監修…ある日、突然、前立腺がんの宣告。頭に浮かぶのは仕事や家族のこと、そして治療法や治療費のこと。前立腺がんを働きながら治した普通の人たちの記録。

46判181頁／1500円

46判158頁／1280円

※表示価格はすべて本体価格です。別途、消費税が加算されます。